POLYGLOTT

ISRAEL

ON TOUR

DIE AUTORIN

CAROLIN LAUER

arbeitet seit 1992 reisejournalistisch und hat an der Erstellung vieler Reiseführer renommierter deutscher Verlage mitgewirkt. Israel fasziniert sie seit ihrem Studium der Evangelischen Theologie und sie bereist das Land regelmäßig. Die promovierte Literaturwissenschaftlerin lebt heute in Zürich.

Unser E-Book-Code zur elektronischen Erweiterung des POLYGLOTT on tour. Das kostenlose E-Book enthält die im Reiseführer aufgeführten Adressen entlang der Touren, beispielsweise zu Essen und Trinken, Shoppen, Aktivitäten und Hotel-Tipps. Links auf einen externen Kartendienst vereinfachen das Auffinden dieser Adressen.

WWW.POLYGLOTT.DE

SYMBOLE ALLGEMEIN
Erstklassig: Besondere Tipps der Autoren
Seitenblick: Spannende Anekdoten zum Reiseziel
Top-Highlights und Highlights der Destination

TOUR-SYMBOLE

1	Die POLYGLOTT-Touren
6	Stationen einer Tour
A1	Die Koordinate verweist auf die Platzierung in der Faltkarte
a1	Platzierung Rückseite Faltkarte

PREIS-SYMBOLE

	Hotel DZ	Restaurant
€	bis 80 €	bis 20 €
€€	80 bis 200 €	20 bis 50 €
€€€	über 200 €	über 50 €

0
50 km
N
Beirut
LIBANON
Al Kiswah
Damaskus
Galiläa und Westbank S. 88
Sour (Tyre)
Metulla
Dan
Nimrod
Qiryat Shemona
Quneitra
UNDOF-Zone
Golanhöhen
M5
As Sanamain
SYRIE
Mittelmeerküste S. 68
Nahariya
Sasa
Safed
Akko
Galiläa
Korazim
Kapernaum
Nawa
Izra
START
16
Haifa
3
4
5
6
See Genezareth
Tiberias
As Suwa
MITTELMEER
Kafr Kanna
588
Tabor
Nazareth
Afula
7
Irbid
Zikhron Yaakov
Caesarea
2
Bet Shean
Jenin
Hadera
10
6
2
65
Netanya
Tulkarm
Al Mafraq
1
Nablus
Jarash
15
Herzliya
Raananna
West-Jordanland
35
Az Zarqa
Tel Aviv S. 50
Yehud
Yarkon
14
Tel Aviv
1
Samaria
As Salt
Amman
Rishon Le-Ziyyon
Lod
4
Ramallah
Rehovot
Ramla
Jericho
9
Qumran
Jerusalem S. 108
Jerusalem
8
11
Ashqelon
Bethlehem
Qiryat Gat
Hebron
(Westbank)
12
15
Gaza
Gazastreifen
Wüste Judäa
Totes Meer
Judäa
Rahat
En Gedi
Khan Yunis
Massada
Besor
Rafash
Beersheva
Arad
Karak
13
Neve Zohar
El Arish
Idumäa
Dimona
Haluza-Ebene
Mamshit
Sde Boker
Zin
Tafila
Shivta
Avdat
ISRAEL
1641
D. el Ataita
Quseima
Mitzpe Ramon
Arava - Ebene
Maktesh Ramon
1035
Ramon
Hasana
el Arish
Wadi
JORDANIEN
1006
Saggi
Paran
Beer Menuha
1727
Dschebel Mubarak
WÜSTE NEGEV
Ma'an
ÄGYPTEN
Ras en-Naqb
Nakhi
Yotvata
Timna Park
SINAI
Elat
Der Süden S. 128
Taba
Aqaba

Perfekte Planung > Parallel vordere Klappe aufschlagen

TOP-12-HIGHLIGHTS

ZEICHENERKLÄRUNG DER KARTEN

- beschriebene Region (Seite = Kapitelanfang)
- 10 E h Sehenswürdigkeiten
- 4 Tourenvorschlag
- Autobahn
- Schnellstraße
- Hauptstraße
- sonstige Straßen
- Fußgängerzone
- Eisenbahn
- Staatsgrenze
- Landesgrenze
- Nationalparkgrenze

Im Kurort En Bokek am Südwestufer des Toten Meer ist der Tourismus auf Salz gebaut

TYPISCH

ISRAEL IST EINE REISE WERT!

Seit Jahrtausenden ist das Land im Nahen Osten Kristallisationspunkt vieler Hoffnungen und Sehnsüchte. Es bildet die Brücke zwischen Europa, Asien und Afrika, und es verbindet Menschen, Religionen und Kulturen durch ihre gemeinsame Geschichte.

CAROLIN LAUER
Die Autorin arbeitet seit 1992 reisejournalistisch und hat an der Erstellung vieler Reiseführer renommierter deutscher Verlage mitgewirkt. Israel fasziniert sie seit ihrem Studium der Evangelischen Theologie und sie bereist das Land regelmäßig. Die promovierte Literaturwissenschaftlerin lebt heute in Zürich.

Reisen beginnt im Kopf. Bevor ich zum ersten Mal dorthin aufbrach, war meine Vorstellung von Israel im Wesentlichen von der Berichterstattung in den Medien und den biblischen Beschreibungen geprägt: Israel, das Heilige Land, seit Jahrzehnten der Ort von Konflikten zwischen Israelis und Palästinensern, die beide das Recht auf ihrer Seite wähnen.

Mit diesen Vorstellungen ging ich auf meine erste Reise nach Israel. Wie die meisten Touristen kam ich nachts am Flughafen Tel Aviv an und fuhr dann mit dem Leihwagen nach Jerusalem. Schon diese erste Etappe auf der Nationalstraße 1, die sich, nachdem man den Großraum Tel Aviv hinter sich gelassen hat, in südöstlicher Richtung Meter für Meter nach oben schraubt, war für mich ein unvergessliches Erlebnis. Vorbei an den Hügeln und Tälern näherte ich mich Jerusalem und stellte mir vor, wie bereits all jene auf dieser Route vom Meer hoch in die judäischen Berge gezogen waren, die Glück und Heil, Wohlstand und Macht suchten – Babylonier, Perser, Römer, Kreuzfahrer und Osmanen. Einzigartig in ihrer Schönheit erwachte in der Morgendämmerung dann dort oben, fast 800 m über dem Meeresspiegel, Jerusalem, die goldene Stadt. In dem Moment, als ich die Sonne von Osten her, hinter dem Ölberg, über der Stadt aufgehen sah, erinnerte ich mich an die jahrhundertealte Weisheit des Talmud: »Zehn Maß Schönheit kam auf die Erde herab. Neun Maß davon bekam Jerusalem, die übrige Welt eines.«

Mit der Zeit lernte ich, dass die medial vermittelten Versatzstücke nur einen Teil der israelischen Wirklichkeit abbilden. Sie waren richtig und wurden zugleich wieder durch ihr Gegenteil in Frage gestellt: Israel ist ein Heiliges Land, das die wichtigsten Stätten der Juden und Christen, des Islams sowie des Bahai-Glaubens beherbergt. Diese sind die Zeugen einer Vergangenheit, die Israel als die Wiege der drei monotheistischen Weltreligionen ausweist und die das Land bis in die Gegenwart hinein prägt. Auch wenn man selbst nicht als Pilger unterwegs ist – die tiefe Spiritualität, die Gläubige aus der ganzen Welt an der Klagemauer, in der Via Dolorosa und in der Grabeskirche umgibt, wird niemanden unberührt lassen. Oder die Stimmung am See Genezareth, wenn sich in den Gesichtern der Pilger die Empfindung widerspiegelt, dem historischen Jesus ganz nah zu sein.

Und zugleich erlebt man in Tel Aviv die weltliche Seite eines Landes, das auf den Straßen der Stadt zwischen dem letzten Drink am Abend und dem ersten Kaffee am Morgen sich und die kulturelle Vielfalt eines Einwanderungslands mit Menschen aus über 100 Nationen feiert. Neben Olivenbäumen und Orangenhainen ist das Silicon Wadi in der Küstenebene gewachsen, ein Zentrum von Hightech-Firmen, das in der internationalen Bedeutung nur vom kalifornischen Silicon Valley übertroffen wird. Tel Aviv ist das ökonomische und kulturelle Zentrum des Landes, zugleich besticht die Stadt durch eine Atmosphäre gelebter, fröhlicher Toleranz. Schwulen und Lesben bietet sie als einzige Stadt im Nahen Osten gesellschaftliche, wirtschaftliche und soziale Emanzipation.

Auf dem Carmel-Markt schmeichelt der Duft orientalischer Gewürze der Nase

Wer mit offenen Augen das Land bereist, erlebt das strenggläubige und das säkulare, das westliche und das orientalische Israel, ein Land, das mit seiner Vergangenheit lebt und versucht, hieraus eine Zukunft zu gestalten, die mehr als 25 Jahre nach den Friedensabkommen von Oslo, der zweiten Intifada und den Entwicklungen in jüngster Zeit ungewisser ist denn je. Und er erlebt freundliche Gastgeber, die ihre Besucher mit offenen Armen empfangen.

Bei meinem ersten Besuch der Klagemauer fand ich mich inmitten einer Bar-Mizwa-Feier wieder: Ich schaute neugierig zur anderen Seite der Kotel hinüber, auf der die Männer Tefillin – Gebetsriemen – anlegten und ein Junge zum ersten Mal feierlich aus der Thora vorlas. Gerade, als ich überlegte, wie ich unaufdringlich Fotos machen könnte, sprach mich eine Israelin aus der Familie an. Ihre Kamera funktioniere nicht, ob ich vielleicht ein paar Fotos dieser Zeremonie für sie machen könne? Somit hatte ich nicht nur meine Fotos, sondern fand später auch ein Paket zu Rosh HaShana in meiner Post. Vor allem habe ich eine erste, unmittelbare Erfahrung israelischer Aufgeschlossenheit gemacht.

Es war für mich der Beginn einer bis heute andauernden Entdeckungsreise, auf der mein Bild von Israel, das so viel Geschichte und Kultur, spannende Städte, faszinierende Menschen und großartige Landschaften bietet, immer wieder um neue, überraschende Facetten bereichert wird. In diesem Sinne: *Drech zelecha* – Gute Reise!

Die raue Judäische Bergwelt ist in der Bibel Ort der Begegnung mit Gott

WAS STECKT DAHINTER?

Die kleinen Geheimnisse sind oftmals die spannendsten. Hier werden die Geschichten hinter den Kulissen erzählt.

WAS HAT ES MIT DEM SHABBAT ELEVATOR IM HOTEL AUF SICH?

Zu den Dingen, die am Sabbat verboten sind, gehört auch die Benutzung von elektronischen Geräten. Schon seit Jahrzehnten sind daher in vielgeschossigen Gebäuden sogenannte Shabbat Elevators im Einsatz: Sie halten automatisch für eine bestimmte Zeit auf jedem Stockwerk, um frommen Juden das Bedienen des Fahrstuhlschalters zu ersparen. Wer daher am Sabbat mit dem Lift zu seinem Hotelzimmer im 15. Stock hinauffahren möchte, sollte viel Zeit mitbringen …

WESHALB TRAGEN VIELE JUDEN KLEINE RUNDE KAPPEN?

Man sieht sie in unterschiedlichen Farben, mit Borten oder dem Davidstern verziert: die Kippa (Plural: Kippot), die viele Juden auf dem Hinterkopf tragen, manche ständig, manche nur zum Gebet. Seit dem 17. Jh. gilt das Bedecken des Kopfes als Ausdruck der Demut und Ehrerbietung, denn der Name des Herrn sollte nicht mit unbedecktem Haupt ausgesprochen werden.

WARUM WIRD IN DER SYNAGOGE EIN HORN GEBLASEN?

Der biblische Bericht über die Eroberung Jerichos liefert einen eindrucksvollen Beweis für die Klangkraft des Schofar, der aus dem Horn des Widders hergestellt wird. Noch heute haben die Naturhörner ihren Platz in der Liturgie jüdischer Feiertage, als klingende Erinnerung an das durch einen Engel verhinderte Opfer Isaaks. In der biblischen Überlieferung wird der Schofar als Signal zum Kampf geblasen, an Gerichtstagen und bei der Krönung von Königen. Daher kann der Hörnerklang auch als Weckruf an die Gläubigen oder als feierliche Anerkennung der Hoheit Gottes interpretiert werden.

WIESO GEHEN DIE UHREN IN DER GRABESKIRCHE IM SOMMER ANDERS?

Für sechs Konfessionen ist die Grabeskirche ein heiliger Ort, was in der Vergangenheit für recht irdisch ausgetragene Streitigkeiten sorgte. Wer darf wo wie lange beten? Welcher Bereich der Kirche steht welcher Konfession zu? Wann finden welche Prozessionen statt? Diese und viele andere Fragen regelte der osmanische Herrscher, Mustafa III., 1767 per Dekret. Seit 1852 gilt der Status quo – und da es zu dieser Zeit die Sommerzeit noch nicht gab, führt im Sommer ein Schritt in den Kirchenraum 60 Minuten in die Vergangenheit. Querelen gibt es trotz all dieser Regeln bis heute. Sie haben unter anderem zur Folge, dass notwendige Renovierungsarbeiten aufwendige Absprachen voraussetzen.

50 DINGE, DIE SIE ...

Hier wird entdeckt, probiert, gestaunt, Urlaubserinnerungen werden gesammelt und Fettnäpfe clever umgangen. Diese Tipps machen Lust auf mehr und lassen Sie die ganz typischen Seiten erleben. Viel Spaß dabei!

... ERLEBEN SOLLTEN

1 Tauchgang in die Antike Bei Caesarea › S. 74 kann man im archäologischen Unterwasserpark die Ruinen des Hafens erkunden, den Herodes der Große anlegen ließ (Old Caesarea Diving Center, Tel. 04-626 58 98, www.caesarea-diving.com, 250 NIS).

2 Biken am Kraterrand Spannende Offroadtouren rund um den Maktesh Ramon › S. 143 oder mittendurch auf den Spuren alter Beduinenpfade organisiert das Radlerhotel iBex, das auch Bikes verleiht (Tel. 052-436 78 78, www.ibexhotel.co.il).

Der Jerusalem-Marathon punktet durch seine attraktive Streckenführung

3 Israel begrünen Im Rahmen eines Aufforstungsprojekts wurden bislang 240 Mio. Bäume in Israel gepflanzt. Gegen eine Spende von 18 € (Ölbaum in Jerusalem 100 €) können Sie bestimmen, wo »Ihr« Baum wachsen soll (Infos: www.jnf-kkl.de).

4 Massada im ersten Tageslicht Geschichtsbewusste Juden lassen sich nicht mit der Seilbahn zum Symbolort jüdischen Widerstands bringen, sie steigen bei Tagesanbruch von der Jugendherberge › S. 138 am Fuß des Felsens aus den Pfad zur Festung hoch. Earlybirds können sich ihnen anschließen.

5 Tick Tick Tock Der beste Weg, das ewige Klacken am Strand von Tel Aviv nicht mehr hören zu müssen: selbst Matkot spielen, das israelische Strandtennis. Die Ausrüstung bekommt man in jedem Sportgeschäft. Für Fans von High-End-Equipment: www.gomatkot.com.

6 Paddeln auf dem Jordan Zu den Aktivitäten, die der Kibbuz Kfar Blum C1 in der Hula-Ebene organisiert, zählen auch Rafting- und Kajaktouren – für Genießer auf ruhigeren Flussabschnitten oder auf wilderen für Adrenalinjunkies (www.kayaks.co.il, März–Okt., ab 100 NIS).

Am Tell Maresha können Hobbyarchäologen gemeinsam mit Profis nach Artefakten suchen

7 Dig for a Day Israel ist ein Abenteuerspielplatz für Hobbyarchäologen – in seiner Erde liegen noch viele Schätze verborgen, die auf Entdeckung warten. Am Tell Maresha B4 kann man auch tageweise an diesem Abenteuer teilhaben (Infos: www.archesem.com, 30 $ plus 25 NIS Eintritt Nationalpark Beit Guvrin).

8 Stadtlauf auf heiligem Pflaster Im Laufschritt durch 3000 Jahre Geschichte führt der Jerusalem-Marathon › S. 45. Fünf Strecken von 42, 21, 10, 5 oder 1,7 km zeigen die Heilige Stadt von ihren schönsten Seiten (Infos und Anmeldung unter www.jerusalem-marathon.com).

9 Zu Fuß zu den Qumran-Höhlen Vom Besucherzentrum führt ein Saumpfad hinauf zu den Höhlen, in denen 1947 die ältesten bekannten Bibelhandschriften entdeckt wurden › S. 134. Zur Vorbereitung: Das Israel Museum › S. 117 hat u. a. die 7,34 m große Jesaja-Rolle online gestellt (www.dss.collections.imj.org.il).

10 Chillen am Strand Jeden Freitagabend wird Tel Avivs südlicher Strandabschnitt beim ehemaligen Dolphinarium zum »Drum Beach«. Alle sind eingeladen, zu den Klängen von Tam-Tams, Darbukas und Bongos zu singen, zu tanzen und den Sonnenuntergang zu feiern.

11 Eine Bar-Mizwa mitfeiern Unter den fröhlichen Klängen von »Siman Tov« und anderen beliebten Agency-Songs ziehen festlich gekleidete Familien und kleine Ensembles mit Klarinette, Saxofon, Schofar und Trommeln vom Dungtor zur Klagemauer (So–Di, Do vormittags).

... PROBIEREN SOLLTEN

12 Hummus Als eine der besten Adressen für die sämige Paste aus Kichererbsen, Tahini und Olivenöl gilt Abu Hassan (Ali Karavan) a6 in Jaffa. Der Laden ist nur geöffnet, solange der Vorrat reicht. Das ist meist nicht lange ... (1 Dolphin St., Tel. 03-682 03 87, So–Fr 8–15 Uhr).

13 Orientalische Plätzchen Auf dem Markt in Jericho › S. 106 bekommt man Mamoul, feine Gebäckstückchen aus mit Rosen- und Orangenblütenwasser aromatisiertem Griesteig. Gefüllt sind die Küchlein mit einer Paste aus Medjoul, der Königin unter den Datteln.

14 St. Petersfisch Was Petrus auf Jesu Geheiß aus dem See Genezareth angelte, um damit die Tempelsteuer zu bezahlen, kommt noch heute in vielen Restaurants rund um das Galiläische Meer › S. 98 fangfrisch auf den Tisch.

15 Begele Die großen, mit Sesamsamen bestreuten Brotringe sind die israelische Version der türkischen Simit. Am Damaskustor › S. 110 in Jerusalem bekommt man sie ganz frisch gebacken.

16 Koscherer Cognac 16 Jahre lagert der Jonathan Tishbi Special Reserve Brandy in Eichenfässern. Der

Bagels heißen in Israel Beigele und werden an jeder Straßenecke verkauft

prämierte Tropfen wird nach dem Rémy-Martin-Verfahren in einer Originaldestille aus dem Cognac gebrannt (Tishbi Winery B2, Road 652 North Industrial Zone, Binyamina, Tel. 04-638 04 34/35, www.tishbi.com).

17 Challah Nur am Freitag gibt es das Sabbat-Brot, mit Eiern statt mit Milch gebackenen Hefezopf. Die größte Auswahl bietet der Mahane-Yehuda-Markt › S. 47 in Jerusalem. Hier kann man auch an geführten Touren durch die Bäckereien teilnehmen (Infos: www.machne.co.il).

18 Shakshouka Auf keinem Frühstücksbüfett fehlen darf dieses aus Nordafrika stammende Gericht aus gestockten Eiern in pikanter Tomaten-Paprika-Zwiebel-Soße. Gute Shakshouka von morgens bis spätabends serviert das Benedict b3 in Tel Aviv (171 Ben Yehuda St., Tel. 03-686 86 57, www.benedict.co.il).

19 Süß und gesund Frozen Yogurt mit Früchten und Nüssen steht bei den Israelis aktuell ganz hoch im Kurs. Bei Tamara b4 sitzt man hinter großen Glasfenstern auf Schaukeln, während man sein Eis genießt. Zum Niederknien gut: heißes Schokoladen-Fudge als Topping (96 Ben Yehuda St., Tel Aviv).

20 Sieger-Schokolade Mehrfach bei Wettbewerben prämiert wurden die mit Zaatar – einer Gewürzmischung aus Sumach, Thymian und Sesam – verfeinerten Trüffel der Chocolaterie Ika c5 in Tel Aviv (11 Yad Haruzim, www.ikachocolate.com).

Mit seinen Graffitis geht Street-Art-Künstler Banksy gegen Mauern in den Köpfen an

21 Gefilte Fisch Der Laib aus Fischfarce unter Aspik, für viele der Inbegriff jüdischer Traditionsküche, wird an Feiertagen als kalte Vorspeise gereicht (z. B. bei Keton b3, Tel Aviv, 145 Dizengoff St., Tel. 03-523 36 79).

22 Sambusak Die mit Lamm oder Gemüse und Schafkäse gefüllten Teigtaschen sind die Spezialität der Abulafia Bakery a6, seit 1879 am Clocktower Square ansässig und eine Institution in Jaffa.

... BESTAUNEN SOLLTEN

23 Banksy in der Westbank 2005 begann der britische Street Artist Banksy, die Mauer zwischen Israel und der Westbank mit politischen Statements zu besprühen. Palästinensische Guides bieten am Checkpoint Bethlehem B4 Führungen an.

Im Schrein des Buches in Jerusalem krönt der riesige Griff einer Thorarolle das Buch Jesaja

24 Sonnenaufgang am Ölberg Wer sich zwischen 5 und 6 Uhr auf dem Aussichtsplateau vor dem Hotel Seven Arches › S. 119 postiert, kann dabei zusehen, wie die Kuppel des Felsendoms sich langsam in strahlendes Gold kleidet.

25 Futuristisches Design unter der Erde Der neue Yitzhak-Navon-Bahnhof in Jerusalem › S. 25 für den Hochgeschwindigkeitszug nach Tel Aviv gehört zu den am tiefsten gelegenen Bahnhöfen der Erde. Beeindruckend lange Rolltreppen führen zu den Bahnsteigen hinab.

26 Sound of Silence Wer den Jom Kippur, den höchsten jüdischen Feiertag, in Israel verbringt, erlebt ein Land in absoluter Stille: Der öffentliche Verkehr ruht, Radio und Fernsehen haben Sendepause, auch der Flughafen ist nicht in Betrieb.

27 Shrine of the Book Die Architektur des bedeutendsten Teils des Israel Museum › S. 117 ist spektakulär. Sie greift in ihrer Form die steinernen Gefäße auf, in denen die berühmten Schriftrollen von Qumran gefunden wurden.

28 Logistik in Jerusalems Altstadt Am frühen Morgen wird man im muslimischen Viertel der Jerusalemer Altstadt › S. 110 Zeuge eines besonderen Spektakels: Händler balancieren ihre hoch aufgetürmten Waren auf wackeligen Karren durch die engen Straßen, kleine Traktoren schieben sich über die Stufen.

29 Himmel über der Wüste »Starman« Ira Machefsky lüftet bei nächtlichen Touren in die Wüste bei Mitzpe Ramon › S. 143 die Geheimnisse des Sternenhimmels, der hier zum Greifen nah ist (Tel. 052-544 97 89, www.astronomyisrael.com, 175 NIS).

30 Mona Lisa von Galiläa Ihr Lächeln ist ebenso rätselhaft wie das ihrer Schwester im Louvre: Grabungen in Zippori B2 brachten dieses zauberhafte Bodenmosaik aus römisch-byzantinischer Zeit ans Licht (Sommer Sa–Do 8–17, Fr 8–16, Winter Sa–Do 8–16, Fr 8–15 Uhr, www.parks.org.il, 28 NIS).

31 Vorhang aus Licht Für die Synagoge des Hadassah-Hospitals in Jerusalem schuf Chagall zwölf Glasfenster, die den Raum in ein magisches, heiter stimmendes Licht tauchen (Ein Kerem, So–Do 8.30–15.30 Uhr, www.hadassah-med.com, 20 NIS).

... MIT NACH HAUSE NEHMEN SOLLTEN

32 Salz vom Toten Meer Am Ufer des Toten Meeres › S. 129 lagert sich Salz ab, das man in Tütchen füllen kann, um zu Hause bei einem Bad in Urlaubserinnerungen zu schwelgen. Nur an ausgewiesenen Stellen zum Meer laufen (Senklöcher!).

33 Sabra Jaffa-Orangen sind Israels Exportgut Nummer eins. Die Binyamina Winery B2 verarbeitet sie zu einem aromatischen Schokoladen-Orangen-Likör (Winery Street, Binyamina, www.binyaminawines.co.il).

34 Große Momente Das Bild von der Unabhängigkeitserklärung Ben Gurions machte Rudi Weissenstein berühmt. Reproduktionen von diesem und anderen historischen Fotos bekommt man im Photohouse b4 in Jaffa (5 Tchernikhovski St., Tel. 03-517 79 16, www.thephotohouse.com).

35 Kunst auf zwei Beinen Die von Künstlern gestalteten Strumpfhosen und Leggings von Zohara finden sich mittlerweile in Boutiquen auf der ganzen Welt. Der Flagshipstore b3 in Tel Aviv lässt Fanherzen höher schlagen (255 Dizengoff St., www.zoharatights.com).

36 Haussegen In vielen jüdischen Haushalten hängt eine Mezuzah am Türrahmen: Die Schriftkapsel mit Versen aus dem 5. Buch Mose stellt die Bewohner unter göttlichen Schutz. Besonders schön gestaltete Exemplare gibt es im Shop des Israel Museum › S. 117.

Salz aus dem Toten Meer erzeugt auch in der heimischen Badewanne Floating-Gefühle

37 **Olivenholzschnitzereien** Jiries Giacamans Blessings Gift Shop B4 in Bethlehem verkauft in dritter Generation Krippenfiguren und Kreuze, aber auch wunderbare Schalen und Bestecke aus fair gehandeltem Olivenholz (80–82 Milk Grotto St., www.blessingsgiftshop.com).

38 **Meerschlammkosmetik** Mineralhaltiger Schlamm aus dem Toten Meer ist die Basis der weltweit gefragten Ahava-Pflegeprodukte. Zum Shop in Ha Tachana › S. 60 in Tel Aviv gehört ein Spa mit breitem Angebot an Beauty-Anwendungen.

39 **Jordanwasser** An der Taufstelle Yardenit › S. 99 können Sie Flaschen – von hübschen Glasflakons bis zu zweckmäßigen Plastikgallonen – erwerben, um Ihr selbst geschöpftes Jordanwasser mit nach Hause zu nehmen.

40 **Diamanten** Ob als einzelner Stein oder geschliffen und gefasst – dieses glitzernde Mitbringsel sorgt garantiert für leuchtende Augen (Infos beim Tel Aviv Diamond & Jewellery Center, D-Mall Center, Ramat Gan, So–Do 9–18, Fr 9–14 Uhr, www.tlvdc.co.il).

41 **Designed in Israel** Der Pulp Shop b3 in Tel Aviv blickt auf eine 100-jährige Tradition in der Papierherstellung zurück und verbindet diese mit zeitgenössischem Design. Die wunderschönen Schreibblöcke, Notizbücher und Accessoires werden auch weltweit versandt (147 Dizengoff St., www.pulp-shop.com).

42 **Bauhaus-Souvenirs** Von Miniaturen aus Keramik über Poster und Bücher bis zu Uhren und Spielen – im Shop des Bauhaus Center in Tel Aviv › S. 57 dreht sich alles um den Internationalen Stil.

Was könnte an Weihnachten passender sein als Krippenfiguren aus Bethlehem?

... BLEIBEN LASSEN SOLLTEN

43 **Zweige abreißen** Vor allem nicht im Garten Gethsemane. Wenn jeder von hier ein Souvenir mitbringen würde, wäre es um die über 2000 Jahre alten knorrigen Ölbäume bald schlecht bestellt.

44 **Am Sabbat auf den Bus warten** Vom Sonnenuntergang am Freitagabend bis zum Aufgehen der Sterne am Samstagabend dauert der Sabbat. In dieser Zeit können Sie lange an der Haltestelle stehen: Es verkehren keine öffentlichen Verkehrsmittel.

So viel Nettigkeit verdient Würdigung - durch mehr als ein paar zusammengekratzte Schekel

45 Geldtausch am Flughafen Die Wechselstuben am Flughafen erheben einen Zuschlag – viel günstiger sind die in der Stadt, besonders am Damaskustor. Auch an jedem Geldautomaten können Sie mit der Bank- oder Kreditkarte gegen Gebühr Schekel ziehen.

46 Am Trinkgeld sparen Die Lebenshaltungskosten in Israel sind hoch und das Personal bekommt meist nur ein niedriges Festgehalt – bedenken Sie dies bei der Bemessung Ihres Trinkgelds > S. 154.

47 Händchenhalten in der Kirche Zeigen Sie beim Besuch von Kirchen, Synagogen und Moscheen durch zurückhaltendes Benehmen und angemessene Kleidung, dass Sie die Würde dieser heiligen Stätten respektieren.

48 Zu viel Sonne Zwar ist die UV-Strahlung am Toten Meer wegen der tiefen Lage, des höheren Luftdrucks und des absorbierenden Wüstenstaubs in der Luft geringer, ohne ausreichenden Schutz bekommt man dennoch schnell einen Sonnenbrand.

49 Die Abfertigungszeit unterschätzen Finden Sie sich frühzeitig im Flughafen ein: Die Sicherheitskontrollen bei Flügen von und nach Israel brauchen viel Zeit, und zu Stoßzeiten können sich lange Schlangen bilden.

50 Auf eigene Faust in die Wüste Die Temperaturen sind erbarmungslos, Wasser ist rar und die Orientierung fällt nicht leicht – lassen Sie Vernunft walten und nutzen Sie die Kompetenz lokaler Guides.

An Tel Avivs Beachfront zeigt Israel sein weltliches Gesicht, Lebensfreude wird hier großgeschrieben

REISEPLANUNG & ADRESSEN

DIE REISEREGION IM ÜBERBLICK

In seinen Grenzen von 1948 (bzw. 1967 vor den Eroberungen im Sechstagekrieg) nimmt Israel ein Areal ein, das in etwa dem des Bundeslandes Hessen entspricht. Auf dieser kleinen Fläche bietet das Land eine unübertreffliche Vielfalt an Sehenswürdigkeiten und Eindrücken.

Zum Abenteuer Israel gehören die Heiligen Stätten ebenso wie die Felsenburg Massada und die modernen Hochhäuser Tel Avivs, der grün bewaldete Karmel ebenso wie das Tote Meer und die Wüste Negev, Mea Shearim und die Klagemauer ebenso wie palästinensische Städte auf der Westbank.

In **Tel Aviv** erlebt man das moderne Israel, es ist die westlichste, die kosmopolitischste Stadt im Nahen Osten, jung, dynamisch, voller Kultur- und Unterhaltungsangebote, mit einer aufregenden Promenade und einem langen, schönen Sandstrand.

Tel Avivs Strand ist Teil der östlichen **Mittelmeerküste,** deren größter Anrainer heute Israel ist. Sie war seit der Antike Durchgangsstraße vieler Völker, die hier ihre Spuren hinterließen – ob die Römer in Caesarea oder die Kreuzfahrer in Akko. Heute ziehen moderne Badeorte wie Herzliya und Netanya sonnenhungrige Urlauber an.

Der Norden Israels umfasst das biblische **Galiläa** mit dem See Genezareth und den seit 1967 annektierten Golan, eine Region abwechslungsreicher, auch zum Wandern einladender Naturlandschaften. Folgt man dem Jordantal in Richtung Süden, lernt man auch die **Westbank** mit dem biblischen Samaria und mit Jericho, der ältesten kontinuierlich bewohnten Stadt der Menschheit, kennen.

Von der Jordansenke geht es 1200 m hinauf nach **Jerusalem,** Heilige Stadt der Juden, Muslime und Christen. Jerusalem bietet das Kontrastprogramm zu Tel Aviv. Hier bestimmen die Religionen den Alltag und dominieren das Straßenbild. Am Sabbat herrscht in der Stadt tatsächlich die in der Bibel verordnete Ruhe.

Auf den Golanhöhen lässt der fruchtbare Boden Weinreben und Obstbäume gedeihen

Zum **Süden** Israels gehört das Tote Meer, dessen extrem hoher Salzgehalt Badende nicht untergehen lässt. An seinen Ufern haben sich Kurzentren angesiedelt, die Linderung bei Haut- und Gelenkerkrankungen versprechen. Die Wüste Negev macht mehr als ein Drittel Israels aus und wird heute dank intensiver Bewässerung in großen Teilen landwirtschaftlich genutzt. In ihrem Zentrum trifft man auf eines der größten Naturwunder Israels, den riesigen Erosionskrater Maktesh Ramon. Am Südende des Negev, direkt am Ufer des Roten Meeres, liegt Elat, die große ganzjährige Badedestination des Landes.

Israel ist eingebettet in den Nahostkonflikt. Um ihn zu »lösen«, gab es seit 1948 mehrere Kriege. Aber seit 1973 herrscht zumindest an den äußeren Grenzen relative Ruhe. Seit den schwierigen Verhandlungen von Oslo (1993) bis Washington (mehrmals, zuletzt 2013) gibt es auf internationaler Ebene eine einmütige Vorstellung davon, wie ein Kompromiss zwischen Israelis und Palästinensern aussehen soll: zwei unabhängige Staaten, Israel und Palästina. Israels Rückzug aus dem Gazastreifen im Jahr 2005 war ein erster Schritt. Ungeachtet der politischen Verhältnisse ist Israel ein sicheres Reiseland, nicht zuletzt wegen der vielen Kontrollen, die Sicherheitskräfte an den Grenzen, am Flughafen, auf den Straßen und an den Eingängen zu Einkaufszentren und Kinos durchführen.

Obwohl dieses Buch nur den Titel »Israel« trägt, beschreibt es auch Orte, die in den von Israel völkerrechtswidrig besetzten Gebieten Westbank, Ostjerusalem und Golanhöhen liegen. Da Israel nach 1967 alle Grenzbefestigungen entfernte, sind sie Touristen ohne jegliche Formalitäten zugänglich. Besucher sollten aber im Gedächtnis behalten, dass es sich allen Siedlungsneugründungen zum Trotz nicht um israelisches Territorium handelt.

KLIMA & REISEZEIT

Israel ist eine Ganzjahresdestination, die meiste Zeit scheint die Sonne. Am angenehmsten reist es sich jedoch im Frühjahr und Herbst.

Deutsche Touristen wählen statistisch am liebsten die Monate März und Oktober. Ab Mai wird es heiß, im Sommer sehr heiß, wobei die Temperaturen je nach Höhenlage schwanken: In Bergstädten wie Jerusalem ist es immer etwas kühler als in der Jordansenke oder am Toten Meer. Regen fällt fast nur in den Wintermonaten. Die Temperaturen sind dann an der Küste mild, in Elat und am Toten Meer warm, im Bergland kann es allerdings kalt werden und sogar schneien. Auch in Jerusalem haben Kälteeinbrüche schon für mehr als 10 cm Schnee gesorgt.

Da die winterliche Regenzeit am östlichen Mittelmeer erst im Dezember voll einsetzt, kann hier bis in den November hinein gebadet werden, am Roten und Toten Meer das ganze Jahr über.

Während der israelischen Ferien (Mitte Juni bis Anfang September) und an jüdischen Feiertagen sind besonders die Badeorte gut besucht. Die Preise schnellen dann in die Höhe, und die Zimmersuche kann sich schwierig gestalten.

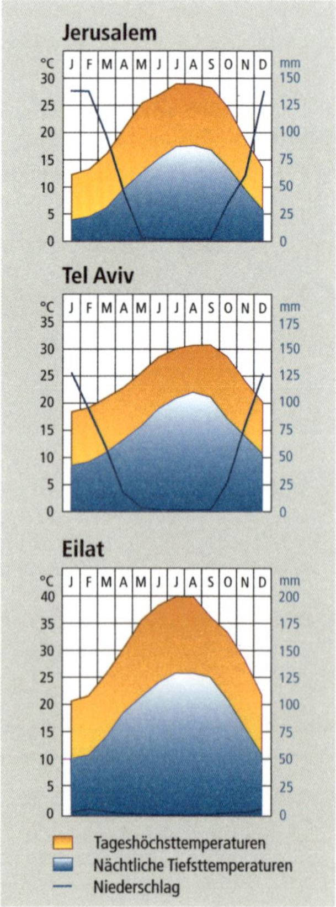

ANREISE

Aus der Bundesrepublik (u. a. Berlin, Köln, Frankfurt/Main, München), aus der Schweiz (Basel, Zürich) und aus Österreich (Wien) wird Tel Aviv mehrmals täglich nonstop angeflogen.

Wegen der umfangreichen Sicherheitskontrollen sollte man sich etwa 3 Std. vor Abflug am Flughafen einfinden, das gilt auch für die Rückreise. Bei Direktverbindungen beträgt die Flugzeit knapp 4 Std. Der Flughafen Ben Gurion in Lod liegt ca. 25 km von Tel Aviv und 50 km von Jerusalem entfernt (Flughafeninfo: www.iaa.gov.il).

Beide Städte erreicht man mit öffentlichen Bussen (Tel Aviv: Egged-Bus Nr. 5 bis Airport City, von dort weiter mit Bus Nr. 475, ca. 18 NIS; Jerusalem: ab Airport City Bus Nr. 947, ca. 21,50 NIS, aktuelle Infos: www.egged.co.il), mit Sherut-Taxis (eigener Stand am Terminal 3, ca. 65 NIS) und mit Taxis (Tel Aviv 150–180 NIS; Jerusalem 250–300 NIS). Seit Herbst 2018 ist die Hochgeschwindigkeitsstrecke zwischen dem Yitzhak-Navon-Bahnhof in Jerusalem und Tel Aviv (Stop am Flughafen Ben Gurion) in Betrieb (zweimal stündlich, Fahrzeit knapp 25 Min., einfach 17 NIS).

REISEN IM LAND

INLANDSFLÜGE

Es gibt einen bescheidenen innerisraelischen Flugverkehr, der wegen der Größe des Landes für Touristen nur zwischen Tel Aviv und Elat von Bedeutung ist. Abflughafen in Tel Aviv ist Sde-Dov › S. 59. Bedient wird die Strecke u. a. von den Airlines Arkia (www.arkia.com), El Al (www.elal.com) und Israir (www.alternativeairlines.com/israir-airlines).

EISENBAHN

Die israelische Eisenbahn ist sicher und verlässlich, bedient aber nur wenige Strecken. Für Besucher von Interesse sind die Linien entlang der Mittelmeerküste (von Ashkelon nach Nahariya), von Tel Aviv nach Beersheva und von Tel Aviv nach Jerusalem. Alle Züge bieten WLAN (Fahrplanauskünfte und Tickets unter www.rail.co.il).

BUSSE

Der Bus ist das wichtigste Verkehrsmittel in Israel, sowohl in den Städten als auch bei Fahrten über Land. Der Verkehr wird zu 90 % von den grünen Egged-Bussen bewältigt (Zentrale: Tel Aviv, Central Bus Station, 108 Levinski St.). Fast jede Stadt und jeder Ort verfügt über einen zentralen Busbahnhof, der von Egged fahrplanmäßig angesteuert wird. Für längere Strecken (z B. Tel Aviv–Elat) und an Wochenenden sollten Tickets rechtzeitig gebucht werden (Tel. 03-694 88 88, www.egged.co.il).

Die aufladbare **Rav-Kav Card** gilt in Bussen und Bahnen; die anonyme Version kann beim Busfahrer erworben werden (5 NIS), die personalisierte und halb-anonyme bei den Service Points. Papiertickets gibt es weiterhin (detaillierte Infos unter www.egged.co.il).

MIETWAGEN

Mit dem Auto ist man von öffentlichen Verkehrsmitteln unabhängig, die von Freitag spätnachmittags bis Samstagabend mit wenigen Ausnahmen im ganzen Land stillliegen. Besonders in Galiläa, im Golan und im Negev, wo die Busverbindungen weniger häufig sind, ist ein Mietwagen eine gute Option. Voraussetzung sind ein gültiger nationaler Führerschein (mindestens zwölf Monate alt), ein Mindestalter von 21 Jahren und eine Kreditkarte (statt Kaution in bar). Am Flughafen Lod sind alle großen internationalen Leihwagenfirmen vertreten. Preiswerter und sicherer ist es, ein Auto bereits vor Abreise im Heimatland zu mieten, z. B. über Auto Europe (www.autoeurope.de). Es empfiehlt sich ein Preisvergleich mit anderen internationalen Anbietern, z. B. Budget, Avis etc. In jedem Fall sollte man das Auto vor der Übernahme sehr gut kontrollieren und Schäden ggf. dokumentieren.

Achtung: Die meisten israelischen Mietwagenfirmen erlauben es nicht, das Fahrzeug mit in die Palästinensischen Autonomiegebiete zu nehmen. Man kann den Leihwagen an den Checkpoints parken und zur Weiterfahrt ein palästinensisches Taxi anheuern.

AUTOFAHREN IN ISRAEL

Das Straßennetz ist gut ausgebaut, Schilder sind in der Regel zwei- (hebräisch, englisch), selten dreisprachig (... und arabisch). Verkehrszeichen entsprechen den internationalen Standards. Es gibt mautpflichtige Straßen (Highway 6, Carmel Tunnel, Fast Lane zum Flughafen Ben Gurion). Die vorgeschriebene Höchstgeschwindigkeit beträgt in der Stadt 50 km/h, auf Landstraßen 80 km/h, auf Schnellstraßen 90–110 km/h. Überschreitungen werden mit hohen Bußgeldern geahndet. Die Anschnallpflicht gilt vorn und hinten, telefoniert werden darf nur mit Freisprecheinrichtung. Im Winter muss auch tagsüber mit Abblendlicht gefahren werden. Es gilt die Null-Promille-Grenze.

Die Benzinpreise entsprechen denen in Deutschland. Falschparken ist sehr teuer, deshalb sollte man unbedingt die Farbmarkierungen am Bordstein beachten (rot-weiß: absolutes Park- und Halteverbot; rot-gelb: Parken nur für Busse oder Taxis; blau-weiß: Parken nur gegen Gebühr).

Israels erste Straßenbahn, der Light Rail Train, führt mitten durch Jerusalem

TAXIS

Alle zugelassenen Taxis in Israel (weiße Farbe, Taxizeichen auf dem Dach, Zulassungsnummer an der Seite) sind mit einem Taxameter ausgestattet, der eingeschaltet sein muss. Auf den Grund- und Fahrpreis gibt es Aufschläge für telefonische Bestellung (5 NIS), Fahrten an Feiertagen und nachts (25 %) sowie für Gepäck (5 NIS pro Koffer). Die Fahrten zwischen Städten sind auf einer Preisliste offiziell festgelegt. Trinkgeld ist nicht üblich.

Sherut-Taxis sind Minibusse, die als Sammeltaxis auf festen Routen verkehren. Sie fahren erst dann los, wenn alle Plätze besetzt sind. Jeder Fahrgast trägt entsprechend seiner Fahrstrecke zu den Kosten bei. Die Hotels informieren über die jeweiligen Standplätze.

ORGANISIERTE TOUREN

In jeder größeren Stadt gibt es Reiseunternehmen, die Tagesausflüge inklusive Besichtigungsprogramm anbieten und z. B. bei Ausflügen nach Jordanien die Visaorganisation übernehmen, in Tel Aviv z. B. Green Olive Tours (Tel. 03-721 95 40, www.toursinenglish.com) oder United Tours (Tel. 03-617 33 33, www.unitedtours.co.il), in Jerusalem Mount of Olives Tours Tayarout (Tel. 02-627 11 22, www.mountofolivestours.com).

Die genannten Anbieter organisieren auch Tagesausflüge ins Westjordanland, ebenso die Alternative Tourism Group (Tel. 02-277 21 51, www.atg.ps) und Hijazi Travel (Tel. 0599-52 38 44, www.hijazih.wordpress.com), bei denen auch Wanderungen auf dem Programm stehen.

HAROUT SANDROUNI – TÖPFER AUS LEIDENSCHAFT

Harout Sandrouni ist Experte, wenn es um traditionelle armenische Keramik geht

»66 Jahre wohne ich nun schon in dieser wunderbaren Stadt, und trotzdem gibt es auch für mich noch jeden Tag etwas Neues zu entdecken. Jerusalem ist eine Stadt, die man nie ganz kennenlernt.« Er muss es wissen: Harout Sandrouni ist eine Jerusalemer Institution. Er ist in der Stadt geboren, hier aufgewachsen und seit fast 40 Jahren Inhaber des Sandrouni Armenian Art Center.

Wenn Harout Sandrouni aus seinem Leben erzählt, spannt er einen weiten Bogen und beginnt mit dem Türkisch-Armenischen Krieg, der seinen damals fünfjährigen Vater, seine Groß- und Urgroßmutter 1916 zur Emigration aus dem Süden Armeniens nach Jerusalem zwang. Harout besuchte die Französische Schule der Brüder De La Salle beim New Gate, absolvierte zunächst ein Ingenieursstudium und entschied dann, einen ganz anderen Weg einzuschlagen: »Das traditionelle armenische Kunsthandwerk war völlig in Vergessenheit geraten. Ich wollte diese alte bedeutende Kunst revitalisieren.« Bevor er 1983 seinen Laden mit handbemalter armenischer Keramik eröffnete, eignete er sich das Wissen über Farben, Formen, Muster und den Herstellungsprozess an.

Wer in seinen Laden geht, hat die Qual der Wahl: Teller, Vasen, Kacheln, Platten, Schüsseln mit den schönsten Dessins werden dort in Hülle und Fülle angeboten. Bemalt und gebrannt wurden sie in den Werkräumen hinter dem Ladengeschäft, die Harout gerne zeigt. »Es gibt kein Lehrbuch, in dem die traditionellen Muster beschrieben sind«, erklärt er, »sie werden durch mündliche Tradition überliefert.« Und jedes Muster repräsentiert Ideen und Vorstellungen: Vögel stehen für das Glück, Fische für den Schutz aus vergangenen Tagen. Und was ist sein Lieblingsmuster auf der Keramik? Da lächelt er: »Natürlich der Hirsch. Er steht für die Freiheit und die unverbrüchliche Verbindung des Menschen mit der Natur«.

INFO

Sandrouni Armenian Art Center

- Gegenüber dem Armenischen Kloster Jerusalem | Tel. 02-628 35 67 Mo–Sa 9–19 Uhr

SPORT & AKTIVITÄTEN

Israel bietet besonders für Wassersportler beste Voraussetzungen – man kann segeln, surfen, schnorcheln und tauchen. Eine zunehmend wichtige Rolle für den Tourismus spielen das Wandern und Mountainbiken.

Doch auch fast alle anderen Sportarten können ausgeübt werden – vom **Reiten** am See Genezareth › S. 100 über **Rafting** und **Kajakfahren** auf dem Jordan (www.rafting.co.il) bis zum **Skifahren** und **Sommerrodeln** am Mount Hermon (www.skihermon.co.il).

TAUCHEN

Als Ganzjahrestauchrevier mit artenreicher Unterwasserwelt, guten Sichtverhältnissen und angenehmen Wassertemperaturen hat sich Elat etabliert › S. 147. Ein Dutzend Tauchschulen teilen sich hier die attraktivsten Spots, sodass sich in der Regel nur eine Tauchgruppe an einem Riff oder Schiffswrack aufhält. Neben begleiteten Tauchgängen sind auch Kurse im Angebot. Auskünfte erteilt die Israeli Diving Federation; hier bekommt man auch Adressen von Tauchbasen.

Israeli Diving Federation A3

- P. O. Box 22421 | 42902 Netanya
  tidf@diving.org.il

WANDERN

Die israelische Naturschutzorganisation SPNI (Society for the Protection of Nature in Israel) bietet geführte Wanderungen in vielen Teilen des Landes mit Englisch sprechenden Guides an. Man wandert in der Gruppe z. B. in Galiläa oder im Negev, kann aber auch für individuelle Wanderungen einen persönlichen Führer buchen.

SPNI b5

- 2 HaNegev St. | 66186 Tel Aviv
  www.natureisrael.org

RADFAHREN

Beim israelischen Verkehrsbüro in Berlin › S. 153 ist die Broschüre »Mit dem Fahrrad Israel erkunden« erhältlich. Sie bietet Infos zu den Konditionen der Fluggesellschaften für die Fahrradmitnahme, zur Radvermietung und zu organisierten Touren. Tourenvorschläge findet man unter www.touristisrael.com.

Pause mit Blick auf Jaffa

UNTERKUNFT

Israel ist mit Unterkünften für jeden Geschmack und jedes Budget auf Besucher vorbereitet, wobei Hotels der Luxus- und Mittelklasse stärker vertreten sind als preiswerte Herbergen.

HOTELS

In Israel gibt es ca. 400 Hotels aller Kategorien, alle internationalen Ketten sind vertreten. Besonders groß ist das Angebot in Tel Aviv, Jerusalem, Haifa und Elat. Die Mehrzahl der Häuser gehört der Israel Hotel Association (IHA) an, die als Qualitätskriterien Sterne verteilt (fünf Sterne sind die höchste Qualitätsstufe). Die IHA veröffentlicht jedes Jahr eine aktuelle Übersicht.

Israel Hotel Association b5
- P. O. Box 50066 | 29 Hamered St.
  61500 Tel Aviv | Tel. 03-517 01 31
  www.ihabooking.co.il

Gästehaus des Kibbuz En Gedi am Toten Meer

KIBBUZ-GÄSTEHÄUSER

Die Kibbuz-Bewegung ist tief verwurzelt in Israels Geschichte. Die erste dieser kollektiven Siedlungen, Deganya, wurde 1909 am See Genezareth › S. 91 gegründet, heute gibt es noch ca. 270, meist mit landwirtschaftlicher Ausrichtung. Einige haben als zusätzliche Einnahmequelle Gästehäuser auf ihrem Gelände errichtet. Andere mit breitem Freizeitangebot verstehen sich als Feriendörfer (Country Lodges).

Kibbutz Hotels Chain
- Tel. 04-690 46 46
  www.booking-kibbutz.com

CHRISTLICHE HOSPIZE

Die christlichen Konfessionen unterhalten Unterkünfte in Jerusalem und Galiläa, aber auch in der Nähe anderer religiöser Stätten. Ursprünglich gedacht für Pilger, haben sich daraus heute Gästehäuser entwickelt, die in Hinblick auf Service und Komfort Mittelklassehotels nicht nachstehen. Auskunft erteilt das Christian Information Center, dessen Webseite auch ein Verzeichnis aller Pilgerhospize bietet.

Christian Information Center a3
- P. O. Box 14308 | Jaffa Gate
  91142 Jerusalem | Tel. 02-627 26 92
  www.cicts.org

B & B & ZIMMER

Kontakt zur einheimischen Bevölkerung ermöglichen B-&-B-Unterkünfte. Besonders groß ist das Angebot in den Städten, inzwischen vermieten aber auch in ländlichen Regionen (auch in Kibbuzim) immer mehr Israelis Privatzimmer in ihren Häusern oder Wohnungen. Auf den Webseiten www.zimmeril.com und www.b-and-b.co.il kann man sich sein Quartier vorher genau anschauen.

JUGENDHERBERGEN & HOSTELS

In Israel gibt es ca. 20 Jugendherbergen mit Schlafsälen und Küchen zur gemeinschaftlichen Benutzung. Es gibt keine Altersbeschränkung, gegen Aufpreis kann man ein Familienzimmer (DZ) buchen. Bei den Hostels handelt es sich um meist privatwirtschaftlich geführte Backpacker-Unterkünfte. Die »besten« haben sich im Verband ILH Israel Hostels zusammengeschlossen.

Israel Youth Hostel Association

- Tel. 02-594 55 50
  www.iyha.org.il

ILH Israel Hostels

- www.hostels-israel.com

NATURFREUNDEHÄUSER (FIELD SCHOOLS)

Die israelische Naturschutzorganisation (SPNI › S. 29, 38) unterhält an ökologisch oder naturhistorisch besonders interessanten Orten im Land eigene Gästehäuser mit einfachen Zimmern, gemeinschaftlicher Verpflegung und interessanten Ausflugsangeboten. Auf ein- bis mehrtägigen Exkursionen wird die Natur der Umgebung erkundet.

SPNI Eco Tourism b5

- 2 HaNegev St. | 66186 Tel Aviv
  Tel. 03-638 86 53
  www.natureisrael.org

HISTORISCHE HOTELS

- Nicht weit vom Ausgang der Bahai-Gärten in Haifa beherbergt ein über 100 Jahre altes ehemaliges Templer-Wohnhaus das stilvolle **Colony Hotel › S. 83.**
- 1894 eröffnete der schottische Arzt D. W. Torrance am Ufer des Sees Genezareth ein Hospital, das zu einer eindrucksvollen Hotelanlage umgebaut wurde: das **Scots Hotel** in Tiberias **› S. 96.**
- Als Palast für seine vier Frauen errichtete 1840 Pascha Amin Effendi nahe der ummauerten Altstadt Jerusalems das von einem großen Garten umgebene **American Colony Hotel › S. 123.**
- Als erster deutscher Gast trug sich im Jahr 1931 »Wilhelm von Opel, Car Manufacturer, Germany« ins Gästebuch des gerade neu eröffneten **King David Hotel** in Jerusalem ein **› S. 123.**
- Das **Notre Dame of Jerusalem Center** vor den Toren der Altstadt Jerusalems wurde 1904 als Herberge für französische Pilger eröffnet. Heute empfängt es auch weltliche Gäste **› S. 124.**

Das jüdische Viertel ist das älteste der vier traditionellen Quartiere in Jerusalems Altstadt

LAND & LEUTE

STECKBRIEF

- **Fläche:** 20 700 km² (in den Grenzen von 1948 bis 1967)
- **Einwohner:** 8,9 Mio., davon 6,6 Mio. jüdische und 1,8 Mio. arabische Israelis
- **Staatsform:** Parlamentarische Demokratie ohne schriftliche Verfassung, aber mit einzelnen Grundgesetzen
- **Staatsoberhaupt:** Staatspräsident Reuven Rivlin (seit 2014)
- **Bevölkerungsdichte:** 373,2 Einw./km²
- **Bevölkerungswachstum:** 2 %
- **Hauptstadt:** Westjerusalem
- **Amtssprache:** Hebräisch, Arabisch
- **Arbeitslosenrate:** 4,1 % (2019)

- **Landesvorwahl:** +972
- **Währung:** Neuer Israelischer Schekel (NIS) = 100 Agorot
- **Zeitzone:** MEZ + 1 Std.; Umstellung auf Sommerzeit bis Ende August

LAGE & LANDSCHAFT

Israel wird im Westen durch das Mittelmeer, im Norden durch Syrien und den Libanon, im Osten durch Jordanien, im Süden durch Ägypten und das Rote Meer begrenzt. Seit dem Sechstagekrieg (1967) besetzt Israel die syrischen Golanhöhen und das Gebiet westlich des Jordans (Westbank). 1993 wurden gemäß dem Gaza-Jericho-Abkommen der Gazastreifen und Teile der Westbank der Palästinensischen Autonomiebehörde unterstellt.

Von der syrisch-libanesischen Grenze bis zum Roten Meer erstreckt sich Israel über 470 km, die Ost-West-Ausdehnung beträgt an der breitesten Stelle 135 km, an der schmalsten 15 km. Das Land umfasst klimatisch, geologisch und geografisch sehr unterschiedliche Räume. Der demografisch und wirtschaftlich bedeutendste ist der fruchtbare Küstenstreifen am Mittelmeer, dessen größten Teil die Sharon-Ebene einnimmt. Hier liegen die meisten Städte, und hier wohnen drei Viertel der Einwohner Israels. Der Küstenstreifen geht ins Bergland von Galiläa, Samaria und Judäa über, das mit dem Berg Meron (1208 m) in Galiläa seinen höchsten Punkt erreicht. Im Osten wird das Bergland von der Jordansenke begrenzt, die den See Genezareth mit dem Toten Meer verbindet und sich im Wadi Arava bis zum Roten Meer fortsetzt. Den ganzen Süden Israels, etwas über die Hälfte der Landesfläche, nimmt mit etwa 12 000 km² die Wüste Negev ein.

POLITIK & VERWALTUNG

Der Staat Israel ist eine parlamentarische Demokratie ohne kodifizierte Verfassung. Alle vier Jahre wird das Parlament, die Knesset (120 Abgeordnete), nach dem Verhältniswahlrecht und der Ministerpräsident (Regierungschef) nach dem Mehrheitswahlrecht gewählt. Wahlberechtigt ist jeder israelische Bürger ab 21 Jahren. Die Knesset wählt den Staatspräsidenten, dessen Amtszeit sieben Jahre beträgt. Die Exekutive liegt beim Ministerpräsidenten und seinem Kabinett. Seit 2009 hat dieses Amt Benjamin Netanjahu (Likud) inne.

In der Politik stehen sich seit der Staatsgründung im Jahr 1948 traditionell zwei große Blöcke gegenüber. Drei Jahrzehnte regierte die linksorientierte Arbeitspartei mit aschkenasischer Tradition, bis sie 1977 von der konservativ-nationalen Likud abgelöst wurde. Zu diesem Block gehört auch die rechtsliberale Kadima-Partei (»Vorwärts«), die der ehemalige Ministerpräsident Ariel Sharon 2005 gründete.

Da die Blöcke ungefähr gleich stark sind, haben bei der Regierungsbildung und politischen Entscheidungsfindung die kleinen religiösen und nationalistischen Parteien (u.a. Jüdisches Heim, Schas-Partei, russische Immigrantenpartei Jisra'el Beitenu) großes Gewicht.

WIRTSCHAFT

Die Agrarproduktion in Kibbuzim und Moshavim spielte in den ersten Jahrzehnten nicht nur für die Landwirtschaft eine wichtige Rolle. Sie war und ist bis heute ein wichtiger Bestandteil des Selbstverständnisses des israelischen Staates: In der von den Zionisten ausgerufenen »öffentlich-rechtlich gesicherten Heimstatt« sollte sich die Bevölkerung auf der Basis von Gemeineigentum selbst versorgen. Zu den wichtigsten landwirtschaftlichen Erzeugnissen gehören bis heute Zitrusfrüchte, Gemüse, Baumwolle, Fleisch und Milchprodukte. Doch seit Ende der 1970er-Jahre entwickelt sich Israel ökonomisch zunehmend in eine neoliberale Richtung.

Israel ist heute kein Agrarstaat. Zwar werden 23 % der Fläche kultiviert, aber nur ein kleiner Teil der Erwerbstätigen arbeitet in der Landwirtschaft. Über 70 % sind in Industrie und Dienstleistungssektor tätig. Eine herausragende Stellung nehmen die Verarbeitung und der Export von Diamanten ein. Weitere wichtige Industriezweige sind die Militär- und Luftfahrttechnik, medizinische Elektronik, chemische Rohstoffe, Düngemittel sowie die Textil- und Schuhproduktion. Um Tel Aviv und im Norden Israels konzentrieren sich die Entwicklung von PC-Technologie und Softwareproduktionen. Nicht zuletzt spielt der Tourismus für die Handelsbilanz eine wichtige Rolle. Auch die in den von Israel besetzten Gebieten produzierten Güter tragen im Falle ihres Exports das Etikett »Made in Israel«. Gegen diese Bezeichnung wehren sich die Schweiz und die EU, die zur Kennzeichnung von Waren dieser Herkunft eine neue Richtlinie erlassen hat.

GESCHICHTE IM ÜBERBLICK

10 000–6000 v. Chr. Erste Siedlungsspuren im oberen Jordantal.
13./12. Jh. v. Chr. Auszug der Israeliten aus Ägypten unter Führung Moses; Beginn der Landnahme.
Um 1025 v. Chr. Mit Saul beginnt die fast 500 Jahre dauernde Zeit der Könige.
950 v. Chr. Bau des Ersten Tempels in Jerusalem unter König Salomo. Nach seinem Tod zerfällt das Reich in zwei Teile, Juda (Südreich) und Israel (Nordreich).
586 v. Chr. Nebukadnezar erobert Jerusalem, zerstört den Tempel und zwingt die hebräische Oberschicht ins babylonische Exil.
539 v. Chr. Der Perserkönig Kyros II. erobert Babylon und erlaubt den Juden die Rückkehr nach Palästina. Bau des Zweiten Tempels.
332–168 v. Chr. Hellenistische Periode.
63 v. Chr. Beginn der römischen Herrschaft.
37–4 v. Chr. Regentschaft Herodes des Großen.
6 v. Chr. Geburt Jesu.
33 n. Chr. Kreuzigung Jesu.
66–73 Aufstand gegen das römische Reich; Zerstörung des Zweiten Tempels durch Kaiser Titus. Beginn der Diaspora.
132–135 Niederschlagung des jüdischen Bar-Kochba-Aufstands gegen die Römer.
395–636 Palästina ist Teil des Byzantinischen Reichs.
638 Palästina gerät unter arabische Herrschaft. 691 werden auf dem Tempelberg in Jerusalem der Felsendom und 705 die Al-Aqsa-Moschee errichtet.
1099–1291 Die christlichen Kreuzfahrer besetzen Palästina und nennen es das Lateinische Königreich Jerusalem.
1291–1516 Muslimische Mamelucken erobern Palästina.
1516–1917 Palästina steht unter osmanischer Herrschaft.
1897 Erster Zionistenkongress unter Vorsitz von Theodor Herzl.
1917 Die Balfour-Deklaration stellt den Juden eine »nationale Heimstatt« in Palästina in Aussicht.
1920–1948 Palästina steht unter britischem Mandat. Proteste der in Palästina lebenden Araber gegen die jüdischen Einwanderungswellen (hebr. *alija*). Großbritannien beschränkt die Immigration.
1947 Der UN-Teilungsplan wird von den Arabern abgelehnt.
1948 Ben Gurion ruft am 14. Mai in Tel Aviv den Staat Israel aus. Unmittelbare Folge ist der Ausbruch des ersten Nahostkriegs, der Teile Palästinas unter israelische Kontrolle bringt. 700 000 Palästinenser fliehen bzw. werden vertrieben.
1956 Israel besetzt im Suezkrieg erstmals Sinaihalbinsel und Gazastreifen, muss sich auf Druck der UNO hin aber wieder zurückziehen. Die UNO stationiert Truppen im Gazastreifen.
1967 Im Sechstagekrieg erobert Israel den Golan, Ostjerusalem, das Westjordanland und den Sinai.

1973 Syrische und ägyptische Truppen versuchen im Jom-Kippur-Krieg erfolglos, ihre von Israel besetzten Gebiete zurückzuerobern.
1974 Die UNO erkennt die PLO als politische Vertretung der Palästinenser an.
1979 Das Camp-David-Abkommen führt zur Rückgabe des Sinai an Ägypten.
1982 Erster Libanonkrieg, Israel zerstört das Hauptquartier der PLO in Beirut.
1987 Beginn der Ersten Intifada.
1988 Verzicht Jordaniens auf die Westbank zugunsten eines Palästinenserstaates.
1993 Unterzeichnung des Gaza-Jericho-Abkommens, das ca. 10 % der besetzten Gebiete unter palästinensische Selbstverwaltung stellt (A-Zonen).
1994 Israel und Jordanien schließen Frieden. Yassir Arafat, Shimon Peres und Yitzhak Rabin erhalten den Friedensnobelpreis.
1995 Am 4. November wird Yitzhak Rabin von einem jüdischen Extremisten ermordet. Unter Benjamin Netanjahu stagniert der Friedensprozess.
2000 Israel räumt den Südlibanon. Ariel Sharons Besuch des Tempelbergs löst die Zweite Intifada aus.
2003 Road Map der USA u. a. für eine Zweistaatenlösung. Israel beginnt mit dem Bau einer Mauer zur Westbank hin.
2006 Eskalierende Konflikte zwischen Hisbollah und israelischer Armee im Zweiten Libanonkrieg. Die radikalislamische Hamas gewinnt demokratische Wahlen.
2008 Gaza-Krieg: Dem Beschuss israelischer Siedlungen mit Raketen aus dem Gazastreifen folgen schwere Luftangriffe.
2009 Benjamin Netanjahu übernimmt ein weiteres Mal das Amt des Ministerpräsidenten.
2011 Proteste für mehr soziale Gerechtigkeit. Der Antrag auf eine Vollmitgliedschaft des Palästinenserstaats in der UNO erhält nicht die notwendige Mehrheit. Austausch des 2006 entführten israelischen Soldaten Gilad Schalid gegen 1000 palästinensische Gefangene.
2012 Verfassungsgerichtliche Aufhebung der Befreiung orthodoxer Juden vom Wehrdienst. Israel sieht sich von der potenziellen Atommacht Iran bedroht und erwägt einen Präventivangriff.
2013 Neuwahlen, Netanjahu bleibt Regierungschef. Ein neues EU-Gesetzt schließt die Förderung besetzter Gebiete aus. Der palästinensische Anwalt Radschi Surani erhält den Alternativen Nobelpreis.
2014 Auf den Raketenbeschuss von Ashkelon durch die Hamas reagiert Israel mit der Bombardierung von Zielen im Gazastreifen.
2015 Vorgezogene Neuwahlen: Netanjahu bleibt Ministerpräsident.
2016 Israel baut einen Zaun an der Grenze zu Jordanien.
2017 Die USA erkennen Jerusalem als Hauptstadt Israels an.
2019 Vorgezogene Knesset-Wahlen; Netanjahu kann sich knapp gegen Konkurrent Benny Gantz behaupten. Nach dem Scheitern der Regierungsbildung stimmt das Parlament für Neuwahlen im September.

NATUR & UMWELT

Nach der Staatsgründung setzte in Israel eine intensive Bautätigkeit ein, in deren Folge große Gebiete entwaldet und trockengelegt wurden. In die wenigen natürlichen Flüsse leitete man Abwasser ein.

Um auch im Negev Landwirtschaft betreiben zu können, wird bis heute Wasser von Galiläa in den Süden gepumpt. Da deshalb seit Jahrzehnten zu wenig Wasser im Toten Meer ankommt, sank dessen Wasserspiegel erheblich. Dieser sorglose Umgang mit den ökologischen Ressourcen hatte in der Vergangenheit katastrophale Folgen.

Inzwischen hat in Israel aber ein Umdenken eingesetzt. Man bemüht sich intensiv darum, Umweltbelastungen zu reduzieren. Der Gefahr der Desertifikation ganzer Landstriche begegnet Israel mit Wiederaufforstungsprojekten. Mit modernen Destillationsanlagen wird zunehmend Wasser aus dem Mittelmeer gewonnen, die Abwässer werden aufbereitet, und die Abfallwirtschaft sucht Wege jenseits der umweltzerstörerischen Deponien.

25 % der Landesfläche wurden unter Schutz gestellt. Heute besitzt Israel 65 Nationalparks und über 150 Naturreservate, die z. B. im Coral Beach Nature Reserve in Elat auch den Schutz der Unterwasserwelt einbeziehen. In Hai-Bar-Reservaten werden vom Aussterben bedrohte Tierarten gezüchtet, um sie später auszuwildern und wieder in Israel heimisch zu machen. Das Engagement zahlt sich aus: So kann man heute im trockenen Süden des Landes wieder Straußen, Wildeseln und Arabischen Oryxantilopen begegnen. In Palästina kümmert sich die Palestine Wildlife Society um Belange des Naturschutzes (www.wildlife-pal.org).

Im Hula-Tal im Norden Israels überwintern Zehntausende Grauer Kraniche

Israel setzt zunehmend auf einen Tourismus, der nicht auf Kosten der Natur betrieben wird, sondern diese als Ausgangs- und Zielpunkt begreift. Ein Beispiel hierfür ist das Hula-Tal in der Jordansenke nördlich des Sees Genezareth. Dank engagierter Naturschützer konnte das beinahe vollständig trockengelegte Biotop gerettet werden und ist heute ein Naturreservat, das von Jahr zu Jahr mehr Besucher anzieht › S. 101.

DIE MENSCHEN

Zahlreiche Einwanderungswellen haben in Israel eine pluralistische Gesellschaft hervorgebracht, die die unterschiedlichsten ethnischen Gruppierungen und Religionsgemeinschaften umfasst.

Allein die jüdische Bevölkerung stammt aus über 100 Ländern, inzwischen ist allerdings die Mehrheit in Israel geboren. Die Juden stellen heute mit etwa 75 % die Majorität, ca. 20 % der Bevölkerung sind arabischer Herkunft. Minderheiten wie Drusen, Armenier und die aus dem Nordkaukasus stammenden Tscherkessen leben ebenfalls im Staatsgebiet Israels.

JUDEN

Bis zur Mitte des 19. Jhs. lebten weniger als 10 000 Juden im Heiligen Land. Größere Gruppen kamen zwischen 1882 und 1948 im Zug der zionistischen Bewegung in sechs großen Einwanderungswellen nach Palästina, die größte erfolgte in den Jahren nach der Staatsgründung. Insgesamt immigrierten über 1 Mio. Juden. Nach dem Zusammenbruch des Ostblocks nahm Israel nach 1990 noch einmal ca. 1 Mio. Juden vorwiegend aus Ländern der ehemaligen UdSSR auf. Traditionell unterscheidet man zwischen Aschkenasim (ost- und mitteleuropäische sowie amerikanische Juden) und Sephardim bzw. orientalischen Juden (Juden aus Nordafrika und dem Mittleren Osten).

Obgleich der Anteil der ultraorthodoxen Juden an der Gesamtbevölkerung nur rund 10 % beträgt, ist es diese Bevölkerungsgruppe, die für die anhaltend hohe Geburtenrate in Israel verantwortlich ist (Bevölkerungswachstum der letzten Jahre ca. 2 %). Dementsprechend jung ist die Bevölkerung: Das Durchschnittsalter liegt bei rund 30 Jahren.

ARABER

Es gibt ca. 1,8 Mio. arabische Israelis. Sie leben vor allem in Ostjerusalem und an der Grenze zur Westbank, im Norden Galiläas sowie in den Beduinenortschaften der Negev-Wüstenregion. Die meisten sind sunnitische Muslime (über 80 %), ein kleiner Anteil gehört der Religion der Drusen an bzw. ist Mitglied einer christlichen Kirche (mehrheitlich der griechisch-orthodoxen). Die arabischen Israelis besitzen die israelische Staatsbürgerschaft; die rund 350 000 in Ostjerusalem lebenden Araber werden als »ständige Einwohner« in der Statistik geführt. Als solche haben sie Anspruch auf Sozialleistungen, können sich bei den Kommunalwahlen beteiligen und dürfen sich – anders als die Palästinenser im Westjordanland und Gazastreifen – in Israel frei bewegen. Sie beklagen jedoch, dass trotz der faktischen Gleichstellung vor dem Gesetz Ungleichbehandlung Realität sei.

BEDUINEN

Von den ca. 210 000 muslimischen Beduinen in Israel lebt nur noch ein kleiner Teil nomadisch. Denn der Staat forciert seit Jahrzehnten die Sesshaftwerdung der Beduinen, die im Zug dieser Politik auch Opfer von Enteignung und Zwangsumsiedlung geworden sind. Fünf Städte wurden speziell für die Beduinen im Negev errichtet, darunter die nördlich von Beersheva gelegene Stadt Rahat. Armut und Trostlosigkeit bestimmen hier das Bild, denn nur wenige sind in neue Wirtschaftskreisläufe integriert bzw. verdienen im Tourismussektor Geld.

RELIGION

JUDENTUM

Das Judentum ist die älteste der drei monotheistischen Weltreligionen. Seine Grundlage bilden die aus den ersten fünf Büchern Mose bestehende Thora und der Talmud, eine Sammlung von im 5. Jh. n. Chr. zusammengestellten Auslegungen der Thora. Thora und Talmud enthalten die Geschichte des jüdischen Volkes und die Gesetze seines Zusammenlebens. Der Alltag gläubiger Juden wird durch 613 Gebote und Verbote geregelt, die besonders den Bereichen Hygiene, Kleiderordnung und Ernährung gelten. Speisen müssen koscher (rein) sein, nicht koscher sind z. B. Schweinefleisch sowie Meerestiere ohne Kiemen und Schuppen. Milch und Fleisch dürfen nicht im gleichen Gericht verarbeitet werden. Beim Schächten, dem rituellen Schlachten, wird den Tieren die Kehle durchschnitten, damit sie vollständig ausbluten.

Eine besondere Bedeutung kommt dem Sabbat zu, der von Freitagabend bis Samstagabend dauert und an dem keine Arbeit verrichtet werden darf. Freitagabend trifft man sich zum festlichen Essen, am Samstagmorgen besucht man den Gottesdienst in der Synagoge. Dort sitzen Männer und Frauen getrennt, Männer tragen eine Kopfbedeckung (Kippa). Im Mittelpunkt des Sabbatgottesdienstes steht eine Lesung aus der Thora, die ein männlicher Jude erst nach seiner Bar-Mizwa-Feier übernehmen kann. Zum Gebet bekleiden sich gläubige Juden mit dem Gebetsmantel, dem Tallit, einem großen viereckigen Tuch aus Wolle und Seide mit Schaufäden, den Zizit.

Außerdem werden Gebetsriemen, die Tefillin, um den linken Arm und um den Kopf gebunden. An diesen Riemen sind kleine Kapseln befestigt, die auf Pergament geschriebene Verse aus der Thora enthalten.

Eine besondere Rolle spielt in der jüdischen Gemeinde der Rabbi. Die Rabbiner sind keine Priester, sie sind vielmehr Gelehrte, die sich durch eine genaue Kenntnis der Thora und ihrer Auslegungsgeschichte auszeichnen. Strenggläubige Juden fragen den Rabbi nicht nur in Glaubensfragen um Rat, sondern auch bei privaten Problemen. Die religiösen Parteien konsultieren vor jeder Entscheidung im Parlament ebenfalls ihre Rabbiner.

ISLAM

Die meisten in Israel lebenden Araber bekennen sich zum Islam. Dieser hat seine geschichtlichen Wurzeln gleichermaßen im Judentum wie im Christentum und zählt die biblischen Erzväter ebenso wie Jesus zu seinen Propheten. Als letzter und bedeutendster Prophet gilt Mohammed. Die Heilige Schrift des Islam ist der Koran, der die Offenbarungen Allahs an Mohammed enthält. Gläubige Muslime haben fünf Pflichten: das Bekenntnis zu Allah als einzigem Gott, das fünfmalige tägliche Gebet Richtung Mekka, das Almosengeben, das Fasten im Monat Ramadan und die Pilgerfahrt (Hadsch) nach Mekka. Von allen Gebeten kommt dem Mittagsgebet am Freitag die höchste Bedeutung zu. Nach Mekka und Medina ist der Tempelberg in Jerusalem mit dem Felsendom und der Al-Aqsa-Moschee das drittwichtigste Heiligtum des Islam. Die Mehrheit der Muslime in Israel sind Sunniten.

DIE MACHT DER CHAREDIM

Als Ultraorthodoxe werden diejenigen Juden bezeichnet, die anders als die säkularen Juden ihren ganzen Alltag streng nach den Geboten der Thora ausrichten. Im Hebräischen heißt diese Gruppe »Charedim« (»Gottesfürchtige«). Ginge es nach ihnen, würde die Thora selbst zur Verfassung erhoben. Sie lehnen den Staat Israel ab, da dieser nur vom Messias selbst hätte gegründet werden dürfen – was sie aber nicht davon abhält, massiven Einfluss auf die Politik zu nehmen. Schon seit den 1970er-Jahren stellen die Ultraorthodoxen bei der Regierungsbildung regelmäßig das Zünglein an der Waage dar. Ihr wachsender Einfluss manifestiert sich besonders in Jerusalem in einer zunehmenden Sittenstrenge, die u. a. die Ausgrenzung von Frauen aus dem öffentlichen Raum zur Folge hat. Die Ultraorthodoxen haben eigene Privatschulen, auf denen fast ausschließlich religiöse Bildung vermittelt wird.

Viele Charedim arbeiten nicht und leisten auch keinen Militärdienst, weil sie ihre gesamte Zeit dem Studium der Heiligen Schriften widmen. Weil ihre Familien von staatlicher Alimentierung leben, steigt mit zunehmender Geburtenrate der Ultraorthodoxen das Armutsproblem in Israel dramatisch an.

KUNST & KULTUR

ARCHITEKTUR

Eindrucksvolle Zeugnisse antiker Bautätigkeit sind die Ruinen des römischen Theaters in Bet Shean › S. 104 und die von Herodes erbaute Felsenfestung Massada › S. 137. In der byzantinischen Epoche entstanden Klöster und Kirchen wie die Geburtskirche in Bethlehem › S. 127. Bedeutendste Architekturdenkmäler aus arabischer Zeit sind der Felsendom › S. 112 und die Al-Aqsa-Moschee › S. 113 in Jerusalem. Die Kreuzfahrer hinterließen Burgen u. a. in Akko und Caesarea, aber auch Sakralbauten wie die St.-Anna-Kirche in Jerusalem › S. 110. Von der Zeit der Türkenherrschaft zeugen mehrere Moscheen, etwa in Akko und Jaffa. Mit der Errichtung der »Weißen Stadt« in Tel Aviv › Seitenblick S. 57 hielt die Moderne in Israel Einzug. Für das zeitgenössische Architekturschaffen stehen das Museum of Art (Yashar Architects, 1971; Preston Scott Cohen, 2011) › S. 53 und das Charles Bronfman (zuvor: Frederic Mann) Auditorium (Rechter Architects, 1957; Ofer Kolker 2013) › S. 53 in Tel Aviv sowie Yad Vashem (Mosche Safdie, 2005) › S. 117 und die Light Rail Train Bridge in Jerusalem (Santiago Calatrava, 2008).

MUSIK

Israel gehört zu den führenden Musiknationen. Das bekannteste Genre ist die traditionelle Klezmer-Musik. Auf dem Gebiet der klassischen Musik erlangte das **Israel Philharmonic Orchestra** Weltruhm. Zusammen mit dem Literaturwissenschaftler Edward Said gründete Daniel Barenboim 1999 das **West-Eastern Divan Orchestra.** In ihm spielen junge Musiker aus Israel, den palästinensischen Autonomiegebieten, Jordanien, Ägypten und dem Libanon. Über das internationale Medienecho dieses exzellenten Ensembles setzt sich Barenboim für eine Annäherung im Nahostkonflikt ein. Bekannte israelische Pop- und Jazzkünstler sind **Dana International, Aviv Geffen,** die Liedermacherin **Achinoam Nini (»Noa«),** der Jazzbassist **Avishai Cohen** und der Folk-Rock-Musiker **Asaf Avidan.**

THEATER

Israelisches Theater ist häufig politisches Theater und fordert den Zuschauer dazu auf, Position zu beziehen. Vielleicht müssen die sechs großen Theater in Jerusalem, Haifa, Tel Aviv und Bet Shean gerade deshalb nicht über leere Ränge klagen. Die Stücke des israelischen Dramatikers **Joshua Sobol** werden inzwischen auch in Deutschland gespielt. Eine Provokation für die Ultraorthodoxen stellte sein Stück »Jerusalem-Syndrom« dar, in dem er den jüdischen Fundamentalismus kritisiert. Zu den erfolgreichsten Dramatikern und Regisseuren der letzten Jahre gehören **Hillel Mittelpunkt** und **Maya Arad.**

TANZ

Traditionell wird in Israel auch der Tanz gepflegt. Das Land hat einige renommierte Ballett- und Modern-Dance-Kompanien. Die Entwicklung der ersten Volkstänze geht auf die Gründerzeit Israels in den 1940er-Jahren zurück. Als in den Kibbuzim Immigranten aus unterschiedlichsten Ländern aufeinander trafen, entwickelten sie gemeinsam Tänze wie die Hora, bei der man sich Hand in Hand im Kreis bewegt.

LITERATUR

Auch in der Literatur ist die Politik Thema. Viele Autoren plädieren in ihren Werken für eine Annäherung von Israelis und Palästinensern. Einer der bedeutendsten Schriftsteller war **Amos Oz** (1939–2018), der sich jahrzehntelang in der Friedensbewegung engagierte. Der Jerusalemer Autor **David Grossmann** verlor 2006 einen Sohn im Zweiten Libanonkrieg und verarbeitete diese Erfahrung in seinem Roman »Eine Frau flieht vor einer Nachricht«. Weitere Gegenwartsautoren sind der vor allem in Israel sehr populäre **Eli Amir, Zeruya Shalev,** die einen Selbstmordanschlag in Jerusalem nur knapp überlebte, **Meir Shalev, Ayelet Gundar-Goshen, Assaf Gavron** und **Lizzie Doron.** Zuletzt sorgten »Lügenleben« von **Sayed Kashua** und »Sonst kriegen Sie Ihr Geld zurück« von **Tomer Gardi** für Aufsehen.

FESTE & VERANSTALTUNGEN

JÜDISCHE FEIERTAGE

In Israel werden jüdische, muslimische und christliche Feste begangen, aber nur die jüdischen sind Staatsfeiertage. Obwohl im Alltag heute der gregorianische Kalender benutzt wird, basiert das liturgische Festjahr auf dem jüdischen Kalender. Dieser beginnt 3761 v. Chr., im durch rabbinische Auslegung ermittelten Jahr der Erschaffung der Welt. 2020 schreibt man daher in Israel das Jahr 5780. Der jüdische Kalender kombiniert das Mondjahr mit dem Sonnenjahr. Folglich werden die Feiertage zwar immer in der gleichen Jahreszeit begangen, doch die konkreten Termine ändern sich von Jahr zu Jahr. Die Feiertage beginnen jeweils am Abend des vorausgehenden Tages, da der Tag nach jüdischer Vorstellung mit dem Sichtbarwerden der Sterne am Nachthimmel anfängt.

Drei Feste fallen in den Herbst, in dem das jüdische Jahr beginnt: **Rosh Hashana,** das jüdische Neujahrsfest, und das Versöhnungsfest **Jom Kippur.** Der höchste jüdische Feiertag wird als Fastentag begangen. Fünf Tage später findet das **Sukkot-Fest** statt, das an den Auszug aus Ägypten erinnert. In die Monate November/Dezember fällt **Chanukka:** Beim achttägigen jüdischen Lichterfest wird der Wiedereinweihung des Zweiten Tempels

An Purim, dem jüdischen Karneval, ist sogar Betrinken erlaubt

165 v. Chr. gedacht. Damals war gerade noch genügend geweihtes Öl übrig, um die Menora einen Tag lang zu speisen. Wundersamerweise brannte das Licht jedoch acht Tage. Im Februar oder März wird das ausgelassene **Purim-Fest** gefeiert, das an die Errettung der Juden durch Ester vor einem Anschlag des persischen Statthalters Haman erinnert. Mit dem einwöchigen **Pessach-Fest** im März oder April gedenken die Juden des Auszugs aus Ägypten. Den Hintergrund des **Shawuot-Festes** im Mai oder Juni bildet die Übergabe der Thora und die Offenbarung der Zehn Gebote durch Mose. Shawuot ist auch ein Erntedankfest.

MUSLIMISCHE FEIERTAGE

In Ostjerusalem und im Westjordanland werden die muslimischen Feiertage begangen. Der wöchentliche Feiertag der Muslime ist der Freitag, Behörden, Geschäfte und Restaurants sind dann geschlossen. Der neunte Monat des islamischen Kalenderjahres ist der Fastenmonat **Ramadan,** in dem der Herabsendung des Korans gedacht wird. Seinen Abschluss bildet das **Id el-Fitr,** das Fest des Fastenbrechens. Zu den muslimischen Festtagen gehören neben dem Neujahrstag auch **Mevlid el-Nabi,** der Geburtstag des Propheten, und das islamische Opferfest **Id el-Adha,** das im Gedenken an die Bereitschaft Abrahams, seinen Sohn Ismael zu opfern, begangen wird. Es fällt zusammen mit der Hadsch, der Wallfahrt nach Mekka, die im zwölften Monat des islamischen Jahres stattfindet.

STAATLICHE FEIERTAGE

Der **Jom Haschoa** ist der Holocaustgedenktag und wird im März oder April begangen. Am **Jom Hazikaron** im April oder Mai wird der Gefallenen gedacht; am unmittelbar darauffolgenden **Jom Haatzmaut,** dem Unabhängigkeitstag, feiern die Israelis die Ausrufung des jüdischen Staates durch Ben Gurion am 14. Mai 1948.

FESTKALENDER

Januar: Tel Aviv Volume Conference and Music Festival. Beim jüngsten Festival des Landes legen alle zwei Jahre über 100 DJs vier Tage lang in den Klubs der Stadt auf (www.telavivvolume.com).

März: Jerusalem-Marathon. Eines der bedeutendsten Sportevents in Israel mit Tausenden Teilnehmern (www.jerusalem-marathon.com). > mehr S. 13 Punkt 8

Mai: Docaviv. In Tel Aviv werden zehn Tage lang israelische und internationale Dokumentarfilme gezeigt (www.docaviv.co.il).

Jacob's Ladder Festival. Internationales Folk- und Weltmusikfestival in Nof Ginosar am See Genezareth (www.jlfestival.com).

Mai/Juni: Israel Festival. Das größte Kulturevent Israels. Auf zahlreichen Bühnen in Jerusalem finden Konzerte, Tanz- und Theatervorstellungen statt. Auch Ensembles und Stars aus dem Ausland nehmen teil (www.israel-festival.org.il).

Juni: Israeli Opera Festival. Opernaufführungen vor spektakulärer Kulisse, u. a. im römischen Theater von Caesarea und in Massada (www.israel-opera.co.il).

Juli: Jerusalem Film Festival. Internationales Filmfestival in der Cinemathek mit abschließender Verleihung des Haggiag Family Award (www.jff.org.il).

August: Red Sea Jazz Festival. In Elat treten an vier Abenden Jazzmusiker aus der ganzen Welt auf. Ein zweites Festival findet im Winter statt (www.en.redseajazz.co.il).

September/Oktober: Abu Gosh Vocal Music Festival. Vokalmusik-Festival in der Kreuzfahrer- und Marienkirche, jeweils an Sukkot und Shawuot (www.agfestival.co.il).

Weitere Infos zu Kulturevents unter www.goisrael.com und www.touristisrael.com.

ESSEN & TRINKEN

Die Küche Israels ist, seiner bunt gemischten Bevölkerung entsprechend, durch unterschiedlichste Einflüsse geprägt. Sie besticht durch eine große Vielfalt, die von arabischen Gerichten und der osteuropäischen Küche der Aschkenasim bis zu Sushi oder mediterranen Gerichten reicht.

Orientalische Speisen dominieren in den vielen kleinen Lokalen und an Imbissständen. Dazu gehört an erster Stelle **Hummus,** ein sehr sättigendes Püree aus Kirchererbsen, das mit Fladenbrot (Pita) gegessen wird. Aus Kichererbsenpüree werden auch die in Öl ausgebackenen **Falafel**-Bällchen hergestellt. Aubergine wird gebraten und mit anderen Gemüsen zu Fleischgerichten wie **Shawarma** (am Spieß gebratenes Hammel-, Truthahn- oder

Rindfleisch), **Kebab** oder gegrilltem Huhn serviert. Koriander, Kreuzkümmel, Kardamom, Chili, Petersilie und vor allem frische Minze sind Kräuter und Gewürze, die in keiner arabischen Speise fehlen.

Aus der osteuropäischen Küche stammen jene Gerichte, die am stärksten mit einer »jüdischen Küche« identifiziert werden, z. B. **Gefilte Fish,** gewürzte Fischfarce in Aspik. Wichtige jüdische Festtage sind mit traditionellen Spezialitäten verbunden: Zum Purim-Fest gibt es **Haman-Ohren,** mit Nüssen, Mohn oder verschiedenen Konfitüren gefüllte, dreieckige Gebäckstücke. Chanukka ist das Fest des Ölwunders, deshalb werden in Öl gebackene **Latkes** (Kartoffelpuffer) und **Sufganiyot** serviert, runde Krapfen aus Hefeteig. Für den Sabbat wird **Tscholent** vorbereitet, ein sättigender Eintopf aus Bohnen und Graupen mit Fleisch, und zum Tee **Challah,** mit Mohn oder Sesamsaat bestreuter Hefezopf.

Eine Besonderheit in Israel ist das üppige Frühstück. Es umfasst Früchte, Eier, Käse, Marmeladen, Säfte, Joghurts, Hummus, Fisch in verschiedenen Zubereitungen und diverse frische Salate.

In vielen Lokalen und an Straßenständen werden frisch gepresste Säfte angeboten, vorwiegend aus Zitrusfrüchten und Granatäpfeln. Die israelischen Weine genießen einen guten Ruf, größter Produzent ist die Genossenschaft von Zikhron Yaakov > S. 76. Angebaut werden hauptsächlich Rotweine – Cabernet Sauvignon, Merlot, Pinot Noir und die in den 1970er-Jahren in Israel gezüchtete Rebsorte Argaman. Im Land gebraute Biere sind »Goldstar«, »Maccabee« und »Taybeh« von der Westbank, hinzu kommen die Erzeugnisse zahlreicher kleiner Mikrobrauereien.

ESSEN MIT AUSSICHT

- Von der Terrasse des **Scots Hotel** in Tiberias schweift der Blick ungehindert über das »Galiläische Meer«. Hier steht man nur auf, um sich erneut am köstlichen Büfett zu bedienen > S. 96.
- Auch wenn sich das Brot nicht vermehrt, so schmeckt es doch auf der Restaurantterrasse des **Pilgerhauses Tabgha** mit weitem Blick über den See Genezareth noch einmal so gut > S. 97.
- Auf der Terrasse des **King David Hotel** in Jerusalem kann man wie ein König tafeln und dabei den Blick über die schöne Gartenanlage und die Altstadt im Hintergrund genießen > S. 123.
- Im Restaurant auf dem Dach des Gästehauses **Notre Dame of Jerusalem Center** erfreuen ein kühles Lüftchen, die ausgezeichnete Weinauswahl und der einzigartige Panoramablick über die Altstadt gleichermaßen > S. 124.
- Mit Obst, Käse und frischem Brot vom Basar lässt es sich am **Strand von En Bokek** schön vor der grandiosen Kulisse des Toten Meeres picknicken > S. 138.

SHOPPING

Auch in Israel kauft man gern ein, und deshalb gibt es in den großen Einkaufsstraßen in Westjerusalem und Tel Aviv nicht nur edle Geschäfte, sondern auch moderne Shoppingmalls.

Einkaufserlebnisse abseits des Üblichen garantieren die vielen orientalischen Basare des Landes. Hier verkaufen Händler zu kleinen Preisen Obst und Gemüse und frische Kräuter, aber auch Leder- und Metallwaren. Handeln ist erlaubt, ja sogar erwünscht. In Galerien, Kunstgewerbegeschäften und den zahlreichen gut sortierten Museumsshops können hochwertige Drucke und Repliken, aber auch filigraner handgearbeiteter Schmuck erworben werden. Groß ist die Auswahl an religiösen Souvenirs – die Bandbreite reicht von günstigen kleinen Devotionalien bis zu wertvollen modernen oder antiken Judaika. Mit etwas Glück ersteht man in einem der vielen Antiquitätenläden Beduinenschmuck oder Keramik zu einem vernünftigen Preis.

Beliebte Mitbringsel sind weiterhin frische Jaffa-Orangen, Weine aus Zikhron Yaakov und Kosmetikprodukte vom Toten Meer (www.deadsea-cosmetics.com). Freude bereitet den Daheimgebliebenen sicher auch ein schickes Kleidungsstück oder Accessoire aus den hippen Modeläden rund um die Sheinkin Street in Tel Aviv. Was hier verkauft wird, steht in Paris und Mailand geschneiderter Couture an Qualität und Design in nichts nach, kostet aber viel weniger.

ORIENTALISCHE MÄRKTE

- Einen Hauch von Orient verbreitet der lebhafte **Carmel Market** › S. 55 in Tel Aviv – hier kauft man für den Alltag ein: Obst, Gemüse und andere Lebensmittel. Stände bieten Falafel und frisches Gebäck zum Verzehr an (Allenby Street, tgl. außer Sa von 8 Uhr bis zum frühen Abend).
- **Mahane Yehuda** b1, das »Lager von Juda«, ist der größte jüdische Gemüse- und Lebensmittelmarkt Jerusalems. Hier kaufen alle gesellschaftlichen Schichten ein, besonders fallen aber die zahlreichen orthodoxen Kunden am Donnerstag und Freitagvormittag auf (Jaffa Road, So–Do 9.30–19, Fr 9.30–15 Uhr).
- Der **Souk von El Kuds** b2/c3 in der Jerusalemer Altstadt ist der eindrucksvollste orientalische Basar im Heiligen Land. Die Läden und Stände quellen über von Folkloreartikeln, Messingarbeiten und Lederwaren. Dicht an dicht drängen sich die Menschen in den engen Gassen, dazwischen bahnen sich Lastenträger mit Handkarren ihren Weg (Sa–Do 9–20, Fr 9–11, 15–20 Uhr).

Auf dem Berg der Seligpreisungen soll Jesus die Bergpredigt gehalten und die Apostel berufen haben

Israels Süden steht für Naturerlebnisse vom tiefsten Punkt der Erde am Toten Meer über den riesigen Erosionskrater Maktesh Ramon in der Wüste Negev bis zu den bunten Korallengärten im Taucherparadies Elat.

Die Region um das **Tote Meer** 8 gehört zu den eindrucksvollsten der Welt. Der 76 km lange und bis zu 17 km breite Binnensee liegt mehr als 400 m unter dem Meeresspiegel. Sein Wasser enthält über 30 % Salz und viele weitere Mineralien, die bei Haut- und Gelenkerkrankungen eine lindernde Wirkung entfalten. Am Ufer des Toten Meeres haben sich daher viele Kurzentren angesiedelt. Durch die ständige Wasserentnahme aus dem Jordan als einzigem Zufluss ist der tiefere nördliche Teil von Austrockung bedroht. Der Pegel sinkt jährlich um 1 m, die Wasserfläche schrumpft, am Ufer entstehen Sinklöcher. Die Regierung plant, zum Ausgleich Wasser durch einen Kanal vom Roten Meer herüberzuleiten. Im flachen südlichen Teil hingegen, wo das Unternehmen Dead Sea Works Mineralien abbaut, steigt der Wasserspiegel durch Salzablagerungen; die Badeorte sind von Überflutung bedroht.

Fast die Hälfte des israelischen Staatsgebietes nimmt der Negev ein, der sich zwischen Beersheva im Norden und Elat im Süden erstreckt. Er ist eine weithin menschenleere Sand- und Steinwüste mit Gebirgen, Schluchten, Plateaus, Wadis, Dünen und wenigen Oasen. An Wasser herrscht hier Mangel, mit einer Ausnahme: Wenn es während der Wintermonate stark regnet, verwandeln sich die ausgetrockneten Flussbetten der Wadis in reißende Sturzbäche. Das Sammeln von Wasser in Zisternen und das Bauen von Kanälen, um zerstörerische Wassermassen für die Bewässerung von Feldern nutzbar zu machen, gehört seit Jahrtausenden zu den Kulturtechniken von Völkern, die den Negev besiedeln: in biblischen Zeiten die Israeliten, um 200 v. Chr. die Nabatäer und seit 1948 die Israelis.

Der Negev wird gern von Israel-Reisenden aufgesucht, die Naturerlebnisse suchen und sich unter fordernden Bedingungen sportlich beweisen wollen. Beides kann man gut miteinander verbinden, z. B. auf organisierten Wanderungen durch die bizarre Landschaft des Ramon-Kraters oder entlang der alten nabatäischen Weihrauchstraße im En-Avdat-Nationalpark.

Im Osten wird der Negev durch das breite Wadi Arava begrenzt. Durch die Arava-Ebene führt die N 90. Sie erreicht von den Südufern des Toten Meers nach 200 km Elat am Roten Meer, die südlichste Stadt Israels. Elat ist das Badeurlaubsziel Nummer Eins für Israelis. Doch seine herausragende Bedeutung für das Land verdankt es dem Hafen, über den Israel direkten Zugang zum Indischen Ozean hat.

Karte S. 132

TOUREN IN DER REGION

TOUR 12

ZUM TOTEN MEER

ROUTE: Jerusalem > Maale Adumim > Qumran > En Gedi > Massada > En Bokek > Sodom

KARTE: Seite 132
DAUER/LÄNGE: 2 Tage; 155 km
PRAKTISCHE HINWEISE:

- Auf dieser Tour kann es sehr heiß werden – unbedingt genügend Trinkflüssigkeit mitnehmen!
- Wer im salzigen Wasser des Toten Meeres baden möchte, sollte keine Kratzer oder gar offene Wunden auf der Haut haben.
- Wegen der Gefahr von Sinklöchern nur an ausgewiesenen Stellen ins Wasser gehen!
- Feste Badeschuhe sind beim steinigen und bei Sonne sehr heißen Anmarsch zum Wasser hilfreich.

TOUR-START:

Die Fahrt zum tiefsten Punkt der Erde beginnt im Osten Jerusalems auf der Nationalstraße N 1 und es sind dabei 1200 Höhenmeter zu überwinden. Nach ca. 10 km liegt rechter Hand **Maale Adumim** 1 > S. 134, die größte israelische Siedlung in den besetzten Gebieten. Die N 1 windet sich weiter bergab durch die Felsschluchten der Judäischen Berge. Autowracks am Straßenrand erinnern daran, dass das starke Gefälle von Autofahrern Besonnenheit erfordert. Bald passiert man die steinerne Markierung des Meeresspiegels (N. N. = 0 m Höhe) und erreicht die Almog Junction, hinter der die N 1 auf die vom See Genezareth nach Elat führende N 90 trifft. Zur Rechten schimmert jetzt in der Ferne bereits die Oberfläche des **Toten Meeres** > S. 134 im Sonnenlicht. An dessen Ufern entlang fährt man nun südwärts.

Nach etwa 6 km erreicht man **Qumran** 3 > S. 135, den weltberühmten Fundort alttestamentarischer Schriftrollen. Die Straße schlängelt sich weiter südwärts, Israels großes Binnenmeer zur Linken und die Klippen der Judäischen Berge zur Rechten. Wer ihre Wadis und Schluchten näher kennenlernen möchte, nimmt die Stichstraße zum 5 km landeinwärts gelegenen Kibbuz **Metzoke Dragot.** Das dort befindliche Center for Desert Tourism organisiert geführte Jeeptouren und Wanderungen (www.metzoke.co.il, mit Gästehaus und Restaurant).

Der nächste größere Ort, 40 km hinter Qumran, ist die biblische Oase **En Gedi** 4 > S. 136. Hier kann man durch ein dicht bewachsenes Flussbett zum David-Wasserfall wandern. Historisches Highlight auf dieser Route ist **Massada** 5 > S. 137, die spektakulär gelegene Felsenfestung des Herodes mit ihrer dramatischen Geschichte.

Naturpools und Wasserfälle sorgen im En-Gedi-Naturpark an heißen Tagen für Erfrischung

Nur 15 km südlich von Massada liegt **En Bokek** 6 > S. 138, das größte israelische Heilbad am Toten Meer. Hinter En Bokek, südlich von Neve Zohar, erlebt man die industrielle Nutzung des Toten Meeres mit Verdunstungsbecken, Förderbändern, Silos, Rampen und Kränen zur Förderung seiner Mineralien. Im sich westlich erstreckenden Har Sodom, einem Gebirgsstock aus versteinertem Salz, hat die Erosion eindrucksvolle Höhlen und Schluchten ausgewaschen. In dieser Gegend wird das biblische **Sodom** 7 > S. 139 vermutet. Von Neve Zohar kann man auf direktem Weg durch das Wadi Arava nach Elat weiterfahren, das man in etwa zwei Stunden erreicht, oder Tour 13 durch den Negev anschließen.

TOUR 13

NACH ELAT AM ROTEN MEER

ROUTE: Arad > Negev > Beersheva > Hebron > Sde Boker > En-Avdat-Nationalpark > Avdat > Mitzpe Ramon / Maktesh Ramon > Timna Park > Elat

KARTE: Seite 132
DAUER/LÄNGE: 2 Tage; 348 km
PRAKTISCHE HINWEISE:

- Die durch die Arava-Senke führende N 90 ist die schnellere Verbindung nach Elat, erlebnisreicher ist jedoch die Route durch die einzigartige

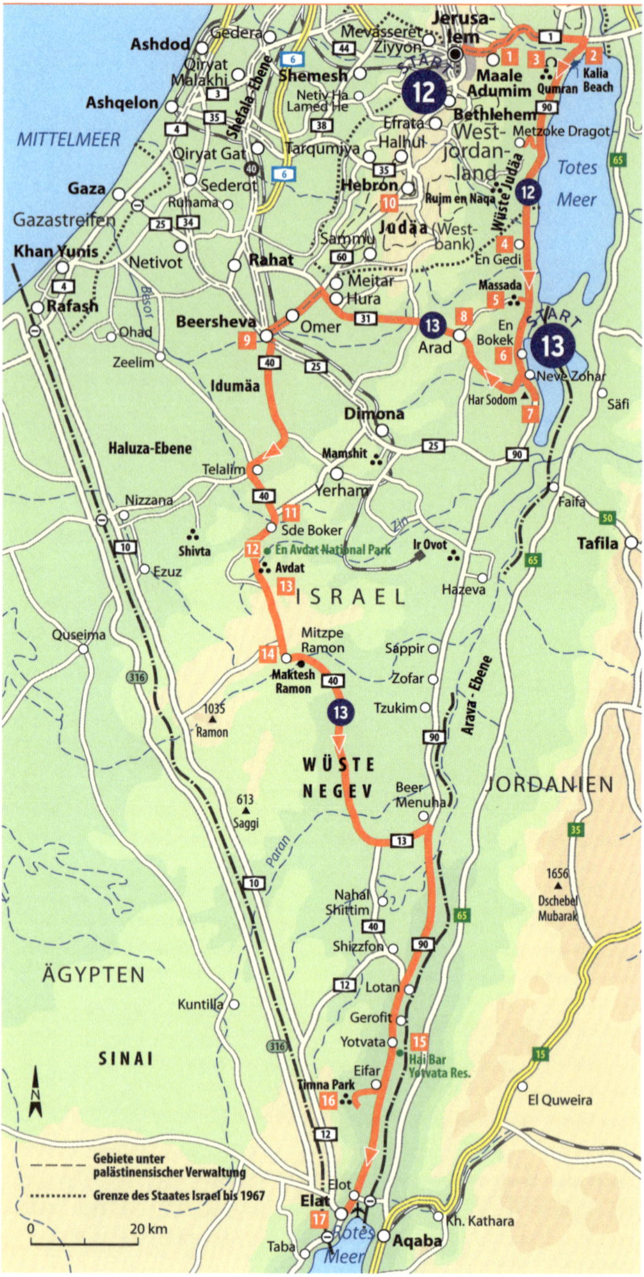

Jerusalem
Ashdod
Gedera
Mevasseret Ziyyon
Qiryat Malakhi
Shemesh
Maale Adumim
Qumran
Kalia Beach
Ashqelon
Netiv Ha Lamed He
Bethlehem
MITTELMEER
Shefala-Ebene
Efrata
West-jordan-land
Metzoke Dragot
Qiryat Gat
Tarqumiya
Halhul
Totes Meer
Gaza
Sederot
Hebron
Ruhama
Rujm en Naqa
Wüste Judäa
Gazastreifen
Judäa (West-bank)
Sammu
Khan Yunis
Netivot
Rahat
En Gedi
Meitar
Massada
Hura
Rafash
Besor
Beersheva
Omer
Arad
En Bokek
Ohad
Zeelim
Neve Zohar
Idumäa
Har Sodom
Säfi
Dimona
Haluza-Ebene
Mamshit
Telalim
Yerham
Nizzana
Faifa
Sde Boker
Zin
Shivta
En Avdat National Park
Ir Ovot
Tafila
Ezuz
Avdat
ISRAEL
Hazeva
Quseima
Mitzpe Ramon
Sappir
Maktesh Ramon
Zofar
1035 Ramon
Tzukim
Arava-Ebene
WÜSTE NEGEV
Beer Menuha
JORDANIEN
613 Saggi
Paran
1656 Dschebel Mubarak
Nahal Shittim
Shizzfon
ÄGYPTEN
Lotan
Kuntilla
Gerofit
Yotvata
Hai Bar Yotvata Res.
SINAI
Eifar
Timna Park
El Quweira
N
Gebiete unter palästinensischer Verwaltung
Grenze des Staates Israel bis 1967
Elot
Elat
Kh. Kathara
0
20 km
Rotes Meer
Aqaba
Taba
START
12
13

Wüstenlandschaft des Negev. Auch hier sind die Straßen hervorragend ausgebaut.

- Intensivere Wüstenerlebnisse im Rahmen von Wanderungen bzw. Kamelexkursionen ermöglichen Übernachtungen in Sde Boker, auf der Negev Camel Ranch oder in Mitzpe Ramon.

TOUR-START:

Die Route vom Toten Meer durch den Negev nach Elat beginnt in Neve Zohar südlich von En Bokek. Hier biegt man von der N 90 nach Westen auf die N 31 ab und gelangt nach nur 20 km ins 1100 m höher gelegene **Arad** 8 › S. 139. In der Ausgrabungsstätte **Tell Arad** kann man die Ruinen einer 5000 Jahre alten kanaanitischen Stadt und Mauern aus der Zeit Königs Salomos besichtigen. Von Arad erreicht man über die N 31 und die N 60 **Beersheva** 9 › S. 140, die Hauptstadt des Negev. Auch hier gibt es sehenswerte Ausgrabungen und einen Beduinenmarkt. Wer **Hebron** 10 › S. 141, die Stadt Abrahams, noch nicht von Jerusalem aus besucht hat, kann dies von Beersheva aus nachholen. Ein weiterer lohnender Abstecher führt zur **Negev Camel Ranch,** die geführte Exkursionen in die Wüste anbietet. Die sehr gut ausgebaute N 40 führt nun quer durch den Negev ins 50 km von Beersheva entfernte **Sde Boker** 11 › S. 143, den Ort, der untrennbar mit dem Namen Ben Gurion verbunden ist. Von hier aus lohnt eine Wanderung zur En-Avdat-Quelle. Nach weiteren 12 km ist die Nabatäerstadt **Avdat** 13 › S. 143 erreicht, die vor 2000 Jahren durch Weihrauchhandel zu Wohlstand gelangte. **Mitzpe Ramon** 14 › S. 143, knapp 30 km weiter südlich an der N 40, ist eine junge israelische Stadt, die am Rand des beeindruckenden Erosionskraters **Maktesh Ramon** liegt. Wer seine geologischen Geheimnisse näher erkunden möchte, sollte hier Nachtquartier nehmen. Die Weiterfahrt durch den Negev erschließt grandiose Landschaften. Wenige Kilometer nördlich von Yotvata trifft die N 40 auf die N 90, auf der man die letzten 60 km in der Arava-Ebene nach Elat zurücklegt. Zuvor empfiehlt sich nach 20 km ein Abstecher in den westlich gelegenen **Timna Park** 16 › S. 144 mit antiken Kupferminen und bizarren Felsformationen. Auch **Elat** 17 › S. 145, der israelische Badeort am Roten Meer, hat einen Bezug zu Salomon: Nach biblischer Überlieferung traf er hier die Königin von Saba.

TOUREN IM SÜDEN

TOUR 12

ZUM TOTEN MEER

Maale Adumim › Qumran › En Gedi › Massada › En Bokek › Sodom

TOUR 13

NACH ELAT AM ROTEN MEER

Arad › Negev › Beersheva › Hebron › Sde Boker › En-Avdat-Nationalpark › Avdat › Mitzpe Ramon / Makthesh Ramon › Timna Park › Elat

UNTERWEGS IN DER REGION

MAALE ADUMIM 1 B4

Maale Adumim liegt auf der biblischen Route vom Jordan nach Jerusalem, an der Grenze zwischen den Gebieten der israelitischen Stämme Juda und Benjamin. In diesem Ort soll der barmherzige Samariter einen von Räubern überfallenen Juden in einem Gasthaus untergebracht haben. 1967 gelangte er als Teil der Westbank unter israelische Besatzung. Zuerst nur ein militärischer Außenposten an einer strategisch wichtigen Stelle, entwickelte sich der Ort seit der Regierungszeit Begins zur größten israelischen Siedlung in der Westbank. Inzwischen gibt es hier eine Vielzahl von Schulen und Kindergärten, Kultur- und Sporteinrichtungen sowie 40 Synagogen. Die meisten Bewohner arbeiten im nur 15 km entfernten Jerusalem. Maale Adumim ragt als israelische Siedlung weit in die palästinensische Westbank und verhindert dadurch, wie viele andere Siedlungen auch, einen zukünftigen, geografisch zusammenhängenden Staat Palästina.

KALIA BEACH 2 C4

Die erste Gelegenheit für ein Bad im Toten Meer bietet sich am Kalia Beach, der am Nordufer des nördlichen Beckens des Toten Meeres liegt. Der Strand verfügt zwar über Infrastruktur (Duschen, Umkleiden, Liegestühle, Snack), ist aber leider oft nicht gepflegt (Eintritt 54 NIS, Shuttle von der Busstation an der Straße bis zum Strand 5 NIS).

QUMRAN 3 ★9 C4

Im 2. Jh. v. Chr. hatten sich in Qumran Essener niedergelassen, eine jüdische Reformgruppe, deren Gemeinschaftsleben strengen Regeln unterlag. Sie lebten zölibatär, besaßen kein Privatvermögen und standen dem religiösen Establishment in Jerusalem kritisch gegenüber. Kurz vor der Zerstörung der Siedlung durch römische Truppen 68 n. Chr. verbarg die Sekte ihre wertvolle Bibliothek, die aus Abschriften des Alten Testaments und dem Regelwerk der Sekte bestand, in den Höhlen der oberhalb liegenden Felsklippen. Die Pergamentrollen wurden zuvor in Leinen gehüllt und in Tonkrügen versiegelt. In der trockenen Luft der Höhlen, 300 m unter dem Meeresspiegel, lagerte dieser Schatz 2000 Jahre lang im Verborgenen, bis ihn 1947 durch Zufall Beduinenjungen entdeckten › **Seitenblick S. 135**. Im Visitor Center wird ein Video zur Auffindung gezeigt. Neben den Ruinen der Siedlung kann man auch die Höhlen besichtigen, in denen die ältesten schriftlichen Bibeltexte der Welt entdeckt wurden (April–Sept. Sa–So 8–17, Fr 8–16, Okt.–März Sa–Do 8–16, Fr 8–15 Uhr, letzter Einlass eine Std. vor Schließung, Tel. 02-994 22 35, www.parks.org.il, 29 NIS). › **mehr S. 13 Punkt 9**

DIE ENTDECKUNG DER QUMRAN-ROLLEN

In den Höhlen von Qumran wurden alt-testamentarische Bibeltexte entdeckt

1947 waren junge Hirten aus dem Stamm der Ta'amira-Beduinen auf der Suche nach einer entlaufenen Ziege, als sie in einer Höhle mehrere versiegelte Tonkrüge mit beschriebenen Pergamentrollen entdeckten, die sie nicht entziffern konnten. Sie nahmen ihren Fund mit ins nahe Bethlehem in der Hoffnung, etwas Geld dafür zu bekommen. Ein armenischer Antiquitätenhändler erwarb die Rollen und bot sie kurz darauf Professor Eliezer Sukenik von der hebräischen Universität in Jerusalem zum Kauf an. Da in diesen Tagen die UNO in New York über die Zukunft Palästinas entscheiden sollte, herrschte in Jerusalem und Umgebung bürgerkriegsähnliche Stimmung. Nach schwierigen Verhandlungen über den Preis gelang es Sukenik, drei der Rollen aus Bethlehem in die jüdische Zone Jerusalems zu schaffen. Sie enthielten die Hälfte des Buches Jesaja, Psalmentexte und ein prophetisches Buch über einen Krieg der Söhne des Lichts gegen die der Finsternis. Vier weitere Rollen, die während des Unabhängigkeitskrieges nach New York verkauft worden waren, konnte Yigael Yadin, der Sohn Sukeniks, 1954 erwerben.

Insgesamt sieben Pergamentrollen, die ältesten erhaltenen handschriftlichen Bibeltexte der Welt, befinden sich heute zusammen mit weiteren Funden aus den Höhlen von Qumran im Schrein des Buches, einem eigens für sie errichteten Gebäude, das zum Israel Museum in Jerusalem gehört › S. 117.

EN GEDI 4 ★ C4

Die Oase war schon zu Zeiten der biblischen Könige bewohnt – David soll sich in den umliegenden Höhlen vor Saul versteckt haben. Bis ins 5. Jh. n. Chr. existierte hier eine jüdische Siedlung, von der die Reste einer Synagoge mit schönen Bodenmosaiken erhalten geblieben sind.

GRATIS ENTDECKEN

- **Wellness am tiefstgelegenen Punkt der Erde:** An öffentlichen Badestränden wie z. B. in En Bokok › S. 138 kann man im mineralhaltigen Wasser des Toten Meeres zum Nulltarif entspannen.
- **Fitness mit Meerblick:** Die Strandpromenade in Tel Aviv › S. 51 ist ein großes Freiluft-Gym. Sportliche schließen sich den vielen Läufern an und absolvieren kostenlos ihr Workout an mehreren Fitnessstationen am Strand.
- **Architekturspaziergang:** Jeden Samstag um 11 Uhr starten am Treffpunkt 46 Rothschild Boulevard kostenlose geführte Touren der Touristeninformation › S. 57 zu ausgewählten Beispielen der Bauhausarchitektur in Tel Aviv.
- **Museen:** Einige Museen und öffentliche Einrichtungen von großer Bedeutung bieten kostenlosen Eintritt, z. B. Yad Vashem › S. 117 und die Knesset › S. 117 in Jerusalem sowie das Ben Gurion House › S. 52 in Tel Aviv.

Im Unabhängigkeitskrieg eroberte Israel das Gebiet und gründete 1953 etwa 2 km südlich der Oase einen landwirtschaftlichen Kibbuz. Er wurde erst 1956 durch eine asphaltierte Straße erschlossen, denn bis 1967 verlief nördlich von En Gedi die Grenze zur jordanischen Westbank. Der Kibbuz besitzt heute ein großes Gästehaus und einen Botanischen Garten.

An den Kibbuz grenzt das **En-Gedi-Naturreservat,** das seine üppige Vegetation zwei kleinen Flüsschen verdankt, dem Nahal David und dem Nahal Arugot. Ein lohnender Spaziergang führt am Nahal David entlang zum David-Wasserfall (ca. 1 Std.) und anschließend bergauf zur Dudaim-Höhle; dort lädt ein Naturpool zu einem erfrischenden Bad ein (einfach 3–4 Std.). Auch der Weg am Nahal Arugot entlang endet an einem Wasserfall (einfach 2–3 Std.) und einem großen Teich mit Schwimmbecken (Eingang am Parkplatz westlich der N 90, kurz nach der Abzweigung zur En Gedi Field School, April–Sept. Sa–Do 8–17, Fr 8–16, Okt.–März Sa–Do 8–16, Fr 8–15 Uhr, im Winter letzter Einlass bis zu 2 Std. früher, Letzter Einlass zum Wadi Arugot 14 Uhr, Tel. 08-658 42 85, www.parks.org.il, 28 NIS).

UNTERKUNFT

Ein Gedi Hotel €€

Schönes Gästehaus inmitten eines Parks, 148 geräumige Zimmer, zweckdienlich-freundlich eingerichtet, großer Pool.

- Im Kibbuz En Gedi | Tel. 08-659 42 20/21 www.ein-gedi.co.il

Ein Gedi SPNI Field School €€
Naturfreundehaus direkt am En-Gedi-Naturreservat, guter Ausgangspunkt für Wanderungen, Karten an der Rezeption. 42 Zimmer und ein großer Schlafsaal.
• An der N 90, km 245 | Tel. 08-658 42 88
www.natureisrael.org

MASSADA 5 10 B5

Auf einem Felsplateau über dem Westufer des Toten Meeres erbaute Herodes von 37 bis 31 v. Chr. die sicherste seiner Festungen. In dem ummauerten Areal ließ er Zisternen und Vorratsräume, aber auch Paläste und Thermen anlegen.

Massada war Schauplatz des letzten Kapitels der jüdischen Erhebung unter dem Rebellenführer Eleazar Ben Jair gegen die Römer, die 66 n. Chr. in Caesarea begann. Nach der Zerstörung Jerusalems 70 n. Chr. setzten sich 960 jüdische Zeloten in Massada fest. Um ihren Widerstand zu brechen, zogen die Römer 72 n. Chr. einen Wall um Massada und errichteten acht große Feldlager für die zehnte Division unter ihrem Kommandanten Flavius Silva. An der Westseite des Felsplateaus legten sie eine lange Rampe aus Erde und Steinblöcken an, auf der sie ihre Sturm- und Rammböcke zur Festungsmauer hinaufschieben konnten. Nach acht Monaten gelang es den Römern, eine Bresche in die Mauer zu schlagen. Um der bevorstehenden Versklavung zu entgehen, brachten die Männer unter den Widerstand Leistenden zunächst ihre Familien um und nahmen sich dann gegenseitig das Leben.

Zwischen 1963 und 1965 wurde die Festung unter Leitung des Archäologen Yigael Yadin freigelegt, seit 2001 zählt sie zum UNESCO-Weltkulturerbe. Für viele Israelis ist Massada ein Symbol jüdischen Hel-

Massada war der Schauplatz jüdischer Erhebung gegen die Römer

Das Crown Plaza Dead Sea En Bokek besitzt einen Privatstrand am Toten Meer

dentums (April–Sept. Sa–Do 8–17, Fr 8–16, Okt.–März Sa–Do 8–16, Fr 8–15 Uhr, letzter Einlass 1 Std. vor Schließung, Tel. 08-658 42 07, www.parks.org.il, 28 NIS).

Es gibt drei Möglichkeiten, nach Massada hinaufzugelangen: zu Fuß über die von den Römern aufgeschüttete Belagerungsrampe an der Westseite (ca. 20 Min.) oder über den »Schlangenpfad«, der sich von der Talstation der Seilbahn in steilen Serpentinen an der Ostseite hinaufwindet (ca. 50 Min.). Wer die Anstrengung scheut, nimmt die Seilbahn (Sa–Do 8–16, Fr 8–14 Uhr, einfach 27 NIS).

Gegenüber der Römerrampe an der Westseite der Klippe findet vor eigens aufgebauten Theaterbänken eine Sound-and-Light-Show statt, die Massadas Geschichte lebendig werden lässt (März–Aug. Di, Do 20, Sept., Okt. 21 Uhr, Simultanübersetzung per Kopfhörer, Infos unter Tel. 08-995 93 33, 45 NIS).

UNTERKUNFT

Masada Guest House €€

Große Anlage mit Restaurant und Schwimmbad, 400 Betten, auch wenige Familienzimmer. > **mehr S. 12 Punkt 4**

- Am Fuß des Massada-Felsens
  Tel. 02-594 56 22 | www.iyha.org.il

EN BOKEK 6 B5

Am südwestlichen Ende des Toten Meeres liegt der moderne Kur- und Badeort En Bokek. Was die Schulmedizin nicht schafft, gelingt vielleicht hier am Toten Meer: En Bokek hat ein Klima, das heilt, eine Luft, die heilt, und Wasser, das heilt.

HOTELS

Isrotel Dead Sea €€€
Modernes 5-Sterne-Hotel mit breitem Wellnessangebot, 297 Zimmer mit Balkon und Meerblick, Swimmingpool, privater Strand.
- Direkt am Toten Meer | En Bokek
  Tel. 08-668 96 66 | www.isrotel.com

Lot Spa Hote €€
Das Hotel beherbergt das Deutsche Medizinische Zentrum, eine auf Klimaheiltherapie spezialisierte Tagesklinik.
- Direkt am Toten Meer | En Bokek
  Tel. 08-688 9200
  www.lothotel.de

SODOM 7 C5

Von der kanaanitischen Stadt, die zusammen mit Gomorrha der Bibel als Symbol sündiger Verruchtheit galt, gibt es keine Spuren mehr. Parallel zur Küste des Toten Meeres erstreckt sich hier auf einer Länge von 10 km der **Har Sodom** (Sodom Mountains), eine Bergkette aus reinem Salz, in der sich durch Auswaschung faszinierende Höhlen, Canyons und Säulen gebildet haben. Wer sie aufsuchen möchte, muss von Neve Zohar 6 km weiter auf der N 90 gen Süden fahren. Hier befindet sich hinter einem Parkplatz der ausgeschilderte Zugang zu mehreren Höhlen. Nach weiteren 6 km erreicht man eine Felsformation, die den Namen »Lot's Wife« trägt. Dahinter erstreckt sich die **Ammiaz-Hochebene** mit besonders eindrucksvollen Höhlen.

ARAD 8 B5

Arad, 25 km vom Toten Meer entfernt, liegt 640 m hoch. Die Mehrzahl seiner Bewohner arbeitet in

NEGEV 11

Der Bau einer Süßwasserpipeline aus dem Norden vom See Genezareth sicherte seit 1955 die verlässliche landwirtschaftliche Nutzung und die Möglichkeit einer kontinuierlichen Besiedlung durch jüdische Einwanderer. Inzwischen bewohnen rund 750 000 Israelis den Negev. In seinen 300 Orten (Siedlungen, Städte, Oasen) leben nur noch wenige Beduinen.

Auch touristisch ist der Negev heute erschlossen. Eine ganze Reihe von Straßen durchzieht die Wüste, israelische Kleinflugzeuge fliegen Orte im Negev an, Eisenbahnlinien erstrecken sich bis Beersheva und Dimona, regelmäßig durchqueren Egged-Busse das Gebiet. An vielen Orten gibt es inzwischen naturnahe Übernachtungsmöglichkeiten, von denen auch geführte Ausflüge angeboten werden. Eine Trekking- oder Jeeptour in den Negev mit Übernachtung unter dem Sternenhimmel ist ein unvergessliches Erlebnis. Geführte Touren unter ethnografischen Aspekten organisiert Desert Eco Tours, Zofit Center, Elat, Tel. 052-276 57 53, www.israelecotours.com. Allgemeine Informationen und weitere Anbieter unter www.touristisrael.com/location/negev-tours und www.tourplanisrael.com.

den nahe gelegenen Fabriken am Toten Meer und wohnt hier »oben«, weil es unten am Toten Meer zu heiß ist. 10 km westlich der Stadt liegt **Tell Arad.** Ausgrabungen belegen, dass vor 5000 Jahren hier eine blühende kanaanitische Stadt existierte, vermutlich die Hauptstadt des Südkönigreichs Juda. Die freigelegten Straßen, Gebäude und Mauern sind heute Teil des **Nationalparks Arad.** Von Bedeutung ist der jüdische Tempel – der einzige bisher außerhalb von Jerusalem entdeckte (April–Sept. Sa–Do 8–17, Fr 8–16, Okt.–März Sa–Do 8–16, Fr 8–15 Uhr, letzter Einlass 1 Std. vor Schließung, Tel. 08-699 24 47, www.parks.org.il, 14 NIS).

UNTERKUNFT

Hotel Inbar €€

Viergeschossiges Haus am Ortseingang mit Süßwasser-Outdoor- und Salzwasser-Indoorpool, 100 geräumige Zimmer.

- 38 Yehuda St. | Arad | Tel. 08-997 33 03
  www.inbar-hotel.co.il

Yehelim Boutique Hotel €€

Kleines familiengeführtes Hotel am Stadtrand, 12 Zimmer mit Balkon und Blick in die Wüste, feines Frühstück.

- 72 Moab St. | Arad | Tel. 077-563 28 06
  www.yehelim.com

BEERSHEVA 9 A5

Beersheva ist heute die größte Stadt im Negev. Religiösen Juden ist sie heilig, weil hier Abraham seinen Schwur leistete und das Bündnis mit Abimelech schloss; ein antiker Brunnen der Stadt wird daher als **Abrahams Brunnen** bezeichnet. 1907 von den Türken ausgebaut und 1917 von den Briten erobert, gehört der Ort seit 1948 zu Israel. Heute bestimmt Betonarchitektur sein Bild. 1990 überschritt die Industrie- und Universitätsstadt die 100 000-Einwohner-Grenze; seitdem sind mindestens noch einmal genau so viele Olim Chadaschim, jüdische Einwanderer aus Russland, hinzugekommen.

Am südlichen Stadtausgang von Beersheva findet jeden Donnerstagvormittag ein **Beduinenmarkt** statt, der sich allerdings eher alltäglich präsentiert und von dem man kein exotisches Flair erwarten darf.

Etwas außerhalb im Nordosten liegen im **Tell-Beersheva-Nationalpark** die Überreste der antiken Stadt. Ausgegraben und teilweise rekonstruiert wurden Lagerhäuser, Straßen, Befestigungsanlagen, ein komplexes Bewässerungssystem und ein 70 m (!) tiefer Brunnen (April–Sept. Sa–Do 8–17, Fr 8–16, Okt.–März Sa–Do 8–16, Fr 8–15 Uhr, letzter Einlass 1 Std. vor Schließung, Tel. 08-646 72 86, www.parks.org.il, 14 NIS).

INFOS

Abraham's Well Visitors Center

- 2 Hebron Rd. | Beersheva
  Tel. 08-623 46 13
  So–Do 8–17 Uhr

UNTERKUNFT

Beit Yatziv €€

Hostel im Zentrum mit einfachen, aber ordentlichen Zimmern unterschiedlicher Kategorien und Swimmingpool.

- 79 Haatzmaut St. | Beersheva
  Tel. 08-627 74 44
  www.beityatziv.com

Eshel Mansion Boutique Suites €€
Sehr freundlich geführtes Hotel mit großzügigen, modernen Zimmern rund um einen schönen Innenhof mit Whirlpool, bahnhofsnahe Lage.

- 53 Beit Eshel St. | Beersheva
  Tel. 050-960 2000

Negev Camel Ranch
Wüstenlodge im Beduinenstil mit angenehmem Gästehaus (€) und der Option längerer Wüstenexkursionen auf Kamelen. Die Farm liegt auf dem Areal des Mamshit-Nationalparks, der die gut erhaltenen Ruinen einer Nabatäerstadt unter Schutz stellt.

- 40 km südöstlich bei Dimona
  Tel. 08-655 28 29
  www.cameland.co.il

RESTAURANT

Yakota €
Sehr gute marokkanische Küche, gemütlich, warmes Licht, kleine Tische. So–Do 12–24, Fr 11–17, Sa 19–24.30 Uhr.

- 27 Mordai Hagetot St. | Beersheva
  Tel. 050-794 94 95

HEBRON 10 B4

Hebron ist eine palästinensische Stadt inmitten der judäischen Berge im südlichen Teil der Westbank und ein besonderer Zankapfel im Nahostkonflikt. Die Stadt ist Muslimen und Juden gleichermaßen heilig, denn in ihrem Zentrum befindet sich die Höhle Machpela, die Grabstätte der Patriarchen Abraham, Isaak und Jakob sowie deren Frauen Sarah, Rebekka und Lea. Da die Muslime die Patriarchen als Pro-

Die Machpela in Hebron ist für Juden und Muslime einer ihrer heiligsten Orte

pheten verehren, errichteten sie im 7. Jh. über den Grabkammern eine Moschee, die von den Kreuzfahrern vorübergehend in eine christliche Kirche umgewandelt wurde. In der **Machpela-Moschee,** Hebrons bedeutendster Sehenswürdigkeit, steht eine von Sultan Saladin gestiftete holzgeschnitzte Kanzel. 1976 wurden zwei Räume im Vorhof zur Synagoge umgestaltet. Nach dem Massaker von 1994 › rechts wurden die Eingänge für Juden und Muslime getrennt und strenge Sicherheitskontrollen eingeführt (Besichtigung außerhalb der Gebetszeiten).

Im April 1968 – ein Jahr nachdem Israel die Westbank und damit auch Hebron besetzt hatte – setzte sich eine Gruppe Israelis unter Führung des Rabbiners Moshe Levinger im zentral gelegenen Park Hotel fest. 1979 besetzte seine Frau Miriam Levinger zusammen mit 30 jüdischen Frauen und deren Kindern das Gebäude des vor 1929 jüdischen Hadassa-Hospitals, das ebenfalls mitten in der arabischen Altstadt steht. Beide Bauten werden seither vom israelischen Militär geschützt. 1980 wurde das Haus der arabischen Familie Chirbau, das vor dem Hadassa-Hospital stand, von Israelis in die Luft gesprengt. Oberhalb von Hebron hat die militante jüdische Gush-Emunim-Bewegung die Siedlung Qiryat Arba errichtet. Dort leben einige Hundert jüdische Familien hinter hohen Stacheldrahtzäunen. Ein Bewohner Qiryat

Steil aufragende Felswände begleiten eine Wanderung durch die En-Avdat-Schlucht

Arbas, Baruch Goldstein, erschoss 1994 in der Machpela 30 Muslime (Infos zu Übernachtungen unter www.travelpalestine.ps).

SDE BOKER 11 A6

Sde Boker wurde 1952 als Kibbuz von ehemaligen israelischen Soldaten gegründet, die hier mitten im Negev Viehzucht betreiben wollten. 1953 ließ sich David Ben Gurion, der erste israelische Ministerpräsident, zum ersten Mal, 1963 dann endgültig in Sde Boker nieder. 1975 wurde er hier zusammen mit seiner Frau Paula begraben. Sein ehemaliges kleines **Wohnhaus** ist heute ein Museum mit seiner Bibliothek, Briefen und historischen Fotos (So–Do 8.30–16, Fr 10–16 Uhr, www.bgh-org.il, Eintritt frei).

Neben seiner Begräbnisstätte befindet sich, 3 km südlich des Ortes als **Midreshet Ben Gurion** ausgeschildert, ein renommiertes Institut zur Erforschung von Wüsten (Tel. 08-659 97 07, www.boker.org.il). Hier bekommt man auch Tipps zu Wanderungen im nahen **En-Avdat-Nationalpark** 12 A6 mit einer beeindruckenden Schlucht, in der mehrere Quellen entspringen. An ihrem Ende stürzt das Wasser der En-Avdat-Quelle über eine Felswand in ein natürliches Becken. Von der Ben-Gurion-Hochschule führt eine Asphaltstraße in den Canyon hinab (April–Sept. Sa–Do 8–17, Fr 8–16, Okt.–März Sa–Do 8–16, Fr 8–15 Uhr, letzter Einlass 1 Std. vor Schließung, Tel. 08-655 56 84, www.parks.org.il, 28 NIS).

UNTERKUNFT

Sede Boqer Field School €
Gästehaus und Hostel in schöner Lage am Rand des Canyons.

- Ben Gurion Village | Sde Boker
  Tel. 08-653 20 16 | www.sdeboker.co.il

AVDAT 13 ★ A6

Avdat, 63 km südlich von Beersheva, ist eine Ruinenstadt der Nabatäer. Sie war eine bedeutende Station an der Weihrauchstraße, auf der Karawanen aus dem Jemen das kostbare Duftharz über Petra bis nach Gaza am Mittelmeer transportierten. Die Römer errichteten hier einen Tempel, eine zweite Blüte erlebte Avdat in byzantinischer Zeit dank eines ausgeklügelten Bewässerungssystems. Im **Avdat-Nationalpark** stehen die Ruinen des römischen und byzantinischen Avdat unter Schutz (April–Sept. Sa–Do 8–17, Fr 8–16, Okt.–März Sa–Do 8–16, Fr 8–15 Uhr, letzter Einlass jeweils 1 Std. vor Schließung, Tel. 08-655 15 11, www.parks.org.il, 28 NIS).

MITZPE RAMON 14 A6

Mitzpe Ramon wurde 1954 während der Bauarbeiten an der Straße nach Elat als Arbeitersiedlung errichtet; heute ist es Sitz des Negev Information Center und ein Zentrum des Wüstentourismus. › mehr S. 17 Punkt 29 Mitzpe Ramon liegt auf 900 m Höhe am Rand eines riesigen Erosionskraters, dem 34 km langen, 12 km breiten und 300 m tiefen **Maktesh Ramon.** An seiner

Westseite erhebt sich der Rosh Ramon, mit 1300 m der höchste Berg des Negev. Vom Aussichtspunkt am Stadtausgang kann man sich einen Überblick über dieses Naturwunder verschaffen. Die Weiterfahrt auf der N 40 führt durch den Krater, an dessen Steilwänden unterschiedlichste geologische Formationen zutage treten, so z. B. eine große Ansammlung von Ammoniten am **Fossile Wall.** Da die N 40 auf ihrer Route durch den Krater eng und steil verläuft, sollte man eine Durchquerung bei Dunkelheit vermeiden. Wer Zeit hat, kann den Krater auf mehreren Wanderwegen erkunden. In Mitzpe Ramon beginnt ein aussichtsreicher Weg an seinem Rand entlang. › mehr S. 12 Punkt ❷ Karten hält das Visitor Center am Aussichtspunkt bereit, die SPNI Field School bietet geführte Touren.

INFOS

Visitor Center

- Am Kraterrand | Mitzpe Ramon
  Tel. 08-658 86 91
  Im Sommer Sa–Do 8–17, Fr 8–16 Uhr, im Winter 1 Std. kürzer.

SPNI Har HaNegev Field School

- 3 km südlich am Kraterrand
  Mitzpe Ramon | Tel. 08-658 86 15/16
  www.natureisrael.org

UNTERKUNFT

Isrotel Ramon Inn €€€

Apartmenthotel in guter Lage mit schönem Indoorpool, Sauna und Dampfbad; Radverleih und Outdoorangebote.

- 1 Ein Akev St. | Mitzpe Ramon
  Tel. 08-658 88 22 | www.isrotel.com

Mitzpe Ramon Guest House €

Gepflegte Anlage mit 47 Zimmern, auch für Familien.

- Nahol Nikrot 4 | Mitzpe Ramon
  Tel. 02-594 55 66 | www.iyha.org.il

RESTAURANT

Rosemary Restaurant €€

Sehr gutes Essen, u. a. originelle Salate, bei toller Aussicht.

- Im Hotel Beresheet
  Mitzpe Ramon | Tel. 08-659 80 00
  www.isrotelexclusivecollection.com

HAI BAR YOTVATA RESERVE 15 B8

In dem 12 km^2 großen Wildreservat südlich des gleichnamigen Kibbuz werden Tierarten gezüchtet, die in Israel selten geworden oder sogar vom Aussterben bedroht sind. Im Freigelände und im kleinen Zoo lassen sich Strauße, Wildesel und -schafe, Arabische Oryxantilopen, Wüstenfüchse und Leoparden beobachten (Sommer Sa–Do 8.30–17, Fr 8.30–16, Winter Sa–Do 8.30–16, Fr 8.30–15 Uhr, letzter Einlass 1 Std. vor Schließung, Tel. 08-637 30 57, www.parks.org.il, 28 NIS).

TIMNA PARK 16 B8

25 km nördlich von Elat liegt der Timna Park mit seinen bizarren, durch Erosion entstandenen Felsformationen. Seine Sehenswürdigkeiten liegen recht weit auseinander und lassen sich am besten mit dem Pkw erkunden. Im hinteren Parkbereich stehen die »Säulen Salomos«

(»Solomon's Pillars«), 50 m hohe Sandsteinpfeiler, die der Wind aus den Felswänden herausgemeißelt hat. Auf dem Weg dorthin passiert man einen 6 m hohen, frei stehenden Felsen in Form eines Pilzes (»Mushroom Rock«, > Abb. unten). Eindrucksvoll sind auch die Reste eines Kupferbergwerks, in dem schon in ägyptischer Zeit im Tagebau Kupfer gewonnen wurde. Am Parkeingang befindet sich ein Infozentrum (Sa–Do 8–16, Fr 8–15, Juli/Aug. 8–13 Uhr, Tel. 08-631 67 56, www.parktimna.co.il, 45NIS).

ELAT 17 B8

Elat hat als Überseehafen für Israels Wirtschaft große Bedeutung. Vor allem ist es aber ein quirliges Touristenzentrum, dessen über 300 Hotels ganzjährig gut gebucht sind. »Every day is Sun Day« – mit diesem werbenden Etikett schmückt sich Israels größter Badeort. Seine Lage im äußersten Süden der Wüste Negev direkt am Roten Meer berechtigt ihn dazu. Selbst mitten im Winter liegen die durchschnittlichen Wassertemperaturen bei 20 °C, Regen fällt nur an wenigen Tagen im Jahr. Die Lufttemperaturen erreichen im Sommer tagsüber 40 °C, lassen sich aber wegen der Trockenheit ertragen. Elat bietet Tauchern und Wassersportlern hervorragende Bedingungen, es gibt sehr gute Einkaufsmöglichkeiten und ein pulsierendes Nachtleben. Kulturinteressierte können von Elat aus Tagesausflüge zum Katharinenkloster und zum Mosesberg auf dem Sinai oder zur Felsenstadt Petra in Jordanien unternehmen.

Bizarre Felsformationen wie der »Mushroom Rock« lassen im Timna Park staunen

Obwohl Elat sich heute als moderne, von Hochhausbauten dominierte Stadt präsentiert, blickt der Siedlungsraum, zu dem auch das 3 km entfernte jordanische Aqaba gehört, auf eine lange Geschichte zurück. König Salomo baute an dieser Stelle seine Flotte und ließ im nahe gelegenen Timna-Tal Kupfer schürfen. Die Nabatäer nannten die Hafenstadt Aila, die Araber gaben ihr den Namen Aqaba, die Kreuzfahrer bauten auf der südlich gelegenen Pharaonen-Insel eine Festung. Nach der Eroberung durch Saladin im Jahr 1167 versank die Stadt in Bedeutungslosigkeit. Während der britischen Mandatszeit existierte hier nur eine kleine Polizeistation.

Im Unabhängigkeitskrieg besetzte Israel den Küstenstreifen, um sich einen Zugang zum Roten Meer zu verschaffen. In den folgenden Jahren wurde der Hafen ausgebaut, ein Erdölterminal angelegt und Straßenverbindungen zunächst nach Beersheva, ab 1967 dann auch durchs Wadi Arava zum Toten Meer geschaffen. Um den Tourismus anzukurbeln, erklärte Israel Elat 1985 zur Freihandelszone.

UNDERWATER OBSERVATORY MARINE PARK

Geschichtliche Spuren sucht man in Elat vergebens – seine Attraktionen liegen heute unter Wasser. An erster Stelle rangiert hier das Unterwasser-Observatorium, ein 50 m vom Ufer entfernt im Meer errichteter Rundbau, den man vom Strand aus über einen Steg erreicht. 6 m unter dem Meeresspiegel ermöglicht ein Beobachtungsraum durch große Panoramafenster Einblicke in die farbenprächtige Unterwasserwelt, natürliche Korallenbänke bilden die eindrucksvolle Kulisse. An Land gibt es Becken mit Haien, Rochen und Seeschildkröten (tgl. 9–16 Uhr, zwischen 11 und 15 Uhr jeweils zur vollen und halben Stunde Fütterungen und Shows, www.coralworld.co.il, 99 NIS).

DOLPHIN REEF

In dieser Anlage wird in einem abgesperrten Seebereich eine Gruppe ausgewachsener Delfine in natürlicher Umgebung gehalten. Man kann mit den Tieren spielen und nach vorheriger Anmeldung auch mit ihnen schwimmen oder tauchen. Zum Resort gehören ein Strand und drei Relaxation Pools mit 35 °C warmem Regen-, Meer- und Salzwasser (So–Do 9–17, Fr, Sa 9–16.30 Uhr, www.dolphinreef.co.il, 69 NIS).

INFOS

Eilat Information Center

- 3 HaToren St. | Elat
  Tel. 08-630 91 11 | www.eilat.city
  So–Do 8.30–17, Fr 8–13 Uhr

HOTELS

Dan Eilat €€€

Gepflegte Hotelanlage in Pyramidenarchitektur, 375 Zimmer mit vielen Annehmlichkeiten, großes Schwimmbad in einer Felsenlandschaft.

- North Beach | Elat | Tel. 08-636 22 22
  www.danhotels.com

Hilton Eilat Queen of Sheba €€€
Ein Palast von biblischen Ausmaßen und mit allem Komfort, 481 Zimmer, sämtlich mit Meerblick. Pool am Meer, Spa, mehrere Restaurants, Lobby-Bar.
- North Beach | Elat | Tel. 08-630 66 66 www.queenofshebaeilat.com

Nova Like Hotel €€
Familienfreundliches, modern eingerichtetes Hotel mit großem Pool. Geräumige Zimmer und Suiten mit Küchenzeile, Unterhaltungsprogramm für Kinder.
- 6 Hativat Hanegev | Elat Tel. 08-638 24 44 www.atlas.co.il

Adi €
Ruhiges, einfaches Stadthotel, 111 Zimmer, 12 Familiensuiten, alle mit Balkon.
- 6 Topaz St. | Elat Tel. 08-638 81 11 | www.adihotel.co.il

Eilat Guest House €
Strandnah, 105 Zimmer, einige davon für Familien, schöne Dachterrasse.
- 18 Derech Mitsraim St. | Elat Tel. 02-594 56 11 | www.iyha.org.il

Eilat SPNI Field School €
50 zweckmäßig eingerichtete Zimmer mit Bad; geführte Wanderungen.
- Gegenüber dem Coral Reef Nature Reserve | Elat Tel. 08-637 20 21 www.natureisrael.org/Eilat

RESTAURANTS

Die Mehrzahl der Restaurants befindet sich in den Hotels.

Karibu Kitchen & Bar €€€
Geschmackvoll gestalteter Speisesaal, große Terrasse, exzellente mediterrane Küche mit frischen saisonalen Zutaten. Gute Cocktails in der zugehörigen Open-Air-Bar.
- Im Hilton Queen of Sheba | Elat Tel. 08-630 67 80

Lawrence €€
Sehr gutes À-la-carte-Restaurant mit mediterraner Küche, aufmerksamer Service.
- Im Herods Vitalis Hotels North Beach | Elat | Tel. 08-638 01 27 www.herods-hotels.com

Pastory €€
Italienische Küche, hausgemachte Pasta, gute Auswahl an Vorspeisen. Tgl. 13–23 Uhr.
- 7 Tarshish | Elat | Tel. 08-634 51 11 www.pastory.co.il

SHOPPING

Elat ist seit 1985 Freihandelszone, weswegen auf die meisten Waren keine Mehrwertsteuer erhoben wird. Größtes Einkaufszentrum der Stadt ist die **Hayam Mall** am North Beach mit Shops internationaler Marken (HaPalmach Street, So–Do 9.30–23, Fr 9.30–16.30, Sa 11–24 Uhr).

AKTIVITÄTEN

- **Tauchen/Schnorcheln:** An einem geschützten Küstenabschnitt liegt das **Coral Beach Nature Reserve** 12. Vom Strand führen Stege zum 1,2 km langen Korallenriff. Mehrere Tauchschulen veranstalten Kurse und Tauchausflüge, auch nach Aqaba und auf den Sinai. Über erfahrene Guides und gutes Equipment verfügen u. a. Shulamit's Eilat Diving Adventures, www.shulamit-diving.com, Aqua Sport, www.aqua-sport.com und Red Sea Lucky Divers, www.luckydivers.com.
- **Vogelbeobachtung:** Anbieter von Birdwatchingtouren › **Seitenblick S. 102.**

EXTRA-TOUREN

Im Negev werden unter Aufsicht von Rabbinern edle Trauben zu koscheren Weinen ausgebaut

TOUR 14

KLASSISCHE ISRAEL-RUNDREISE

ROUTE: Tel Aviv > Herzliya > Netanya > Caesarea > Haifa > Akko > Nazareth > See Genezareth > Jericho > Jerusalem > Qumran > Massada > Elat > Maktesh Ramon > Avdat > Beersheva > Tel Aviv

KARTE: Klappe hinten
DAUER/DISTANZEN: 2 Wochen; insg. ca 1100 km. **Tel Aviv** > **Caesarea** 56 km; **Caesarea** > **Haifa** 38 km; **Haifa** > **Akko** 23 km; **Akko** > **Nazareth** 46 km; **Nazareth** > **Tiberias** 31 km; rund um den See Genezareth 68 km; **See Genezareth** > **Jericho** 124 km; **Jericho** > **Jerusalem** 39 km; **Jerusalem** > **Qumran** 32 km; **Qumran** > **Massada** 42 km; **Massada** > **Elat** 221 km; **Elat** > **Beersheva** 241 km; **Beersheva** > **Tel Aviv** 118 km
VERKEHRSMITTEL: Die Reise ist als Tour mit einem Leihwagen konzipiert, aber Egged-Busse befahren ebenfalls nahezu alle Teile der Route.

Fast alle Besucher betreten israelischen Boden am Ben Gurion Airport nahe **Tel Aviv** > S. 50. In der Mittelmeermetropole sollte man mindestens zwei Tage verbringen, um Kunst, Kommerz und das pulsierende Nachtleben zu genießen. Dann führt die Tour Richtung Norden, vorbei an den beliebten Badeorten **Herzliya** > S. 72 und **Netanya** > S. 72 mit ihren schönen Stränden. In **Caesarea** > S. 74 nimmt die Besichtigung der Ruinenstätte einen weiteren Tag in Anspruch. Anschließend geht es nach **Haifa** > S. 77 an den Hängen des Karmel. Auch hier sollte Quartier nehmen, wer die Stadt mit ihren Museen erkunden und Ausflüge zu den Drusendörfern **Isfiya** und **Daliyat** > S. 83 sowie zur Kreuzfahrerstadt **Akko** > S. 83 unternehmen möchte.

Auf dem Weg zum See Genezareth lohnen Stopps in **Nazareth** > S. 92, der Stadt der Verkündigung, und in **Kafr Kanna** > S. 93, dem Ort, in dem Jesus sein erstes Wunder vollbrachte. Dass man den **See Genezareth** > S. 93 einmal umrundet, Wirkungsstätten Jesu wie **Tabgha**> S. 96, **Kapernaum** und den **Berg der Seligpreisungen** > S. 97 passierend, versteht sich von selbst.

Die Reise führt nun am Jordan entlang zum Toten Meer, nicht ohne vorher im palästinensischen Autonomiegebiet **Jericho** > S. 106 besucht zu haben, die vielleicht älteste Stadt der Welt. Von Jericho ist man in nur einer Autostunde in **Jerusalem** > S. 108, dem Höhepunkt jeder Israel-Reise.

Durch die Judäische Wüste geht es nun hinab ins Jordantal zum Toten Meer und an dessen Westufer entlang nach **Qumran** > S. 134, dem Fundort der ältesten Bibelrollen, und weiter zur berühmten Felsenfestung **Massada**

› S. 137. Nach Durchquerung der Arava-Ebene erreicht man **Elat** › S. 145 am Roten Meer. Dort ist Erholung und Baden angesagt.

Zurück geht es durch die Negev-Wüste im Süden Israels. Hier erwarten den Besucher nicht nur beeindruckende Landschaften wie am Krater **Maktesh Ramon** › S. 143, sondern auch Orte wie die alte Nabatäerstadt **Avdat** › S. 143 und **Beersheva** › S. 140 mit **Ausgrabungen** aus biblischer Zeit. Von Beersheva gelangt man in wenigen Stunden zurück nach Tel Aviv.

TOUR 15

AUF DEN SPUREN JESU

ROUTE: Jerusalem › Bethlehem › Tiberias › Tabgha › Kapernaum › Kafr Kanna › Nazareth

KARTE: Klappe hinten
DAUER/DISTANZEN: Etwa 1 Woche; insg. ca 300 km. **Jerusalem** › **Bethlehem** 12 km, **Bethlehem** › **Tiberias** 188 km; rund um den See Genezareth 68 km; **Tiberias** › **Kafr Kanna** 22 km; **Kafr Kanna** › **Nazareth** 10 km
VERKEHRSMITTEL: Die Tour kann mit dem Leihwagen oder mit Egged-Bussen durchgeführt werden; den Tagesausflug nach Bethlehem unternimmt man am besten mit dem Taxi oder einem Tour Operator. An der Promenade in Tiberias starten Bootstouren auf dem See Genezareth.

Fromme Christen zieht es nach Jerusalem und Bethlehem, nach Nazareth und Kafr Kanna in Galiläa und an den See Genezareth. An diesen Orten ergänzt die Bibel den Reiseführer. Die Reise beginnt in **Jerusalem** › S. 108, dem Ort der Verurteilung, Kreuzigung und Auferstehung Jesu. Auf Schritt und Tritt trifft man hier auf Monumente, die an wichtige Episoden der Lebens- und Leidensgeschichte Christi erinnern, insbesondere am Ölberg und entlang der Via Dolorosa. Um alle Facetten der Stadt kennenzulernen, sind drei Tage das Minimum. Am vierten Tag steht ein Tagesausflug nach **Bethlehem** › S. 126 mit einem Besuch der **Geburtskirche** auf dem Programm.

Von Jerusalem führt die Reise durch das Jordantal nach **Tiberias** › S. 93 am Ufer des Sees Genezareth. Rund um den See liegen jene Orte, die aus dem Neuen Testament bekannt sind: **Tabgha** › S. 96 etwa war Schauplatz der wundersamen Brotvermehrung, **Kapernaum** › S. 97 der Ort, in dem Jesus seine ersten Jünger berief. Am **Berg der Seligpreisungen** › S. 97 hielt er seine bedeutendste Rede, die Bergpredigt.

Vom See Genezareth geht es durch Galiläa in das kleine Städtchen **Kafr Kanna** › S. 93, wo Jesus bei einer Hochzeit Wasser in Wein verwandelte. Letzte Touretappe ist die Stadt **Nazareth** › S. 92, in der Josef und Maria lebten. Hier steht die **Verkündigungskirche** an dem Ort, an dem Maria vom Erzengel Gabriel die Botschaft von der Geburt Jesu überbracht wurde.

TOUR 16

VOM MEER IN DIE BERGE

ROUTE: Haifa › Nazareth › Mash'had › Kafr Kanna › Tiberias › Safed › Hula Nature Reserve › Tel Dan Nature Reserve › Banias Nature Reserve › Burg Nimrod

KARTE: Klappe hinten
DAUER/DISTANZEN: 3 Tage; ca. 180 km. **Haifa** › **Nazareth** 48 km, **Nazareth** › **Kafr Kanna** 11 km, **Kafr Kanna** › **Tiberias** 28 km, **Tiberias** › **Safed** 35 km; **Safed** › **Qiryat Shemona** 39 km; **Qiryat Shemona** › **Tel Dan** ca. 10 km; **Tel Dan** › **Banias** ca. 3 km; **Banias** › **Burg Nimrod** ca. 3 km
VERKEHRSMITTEL: Die Tour lässt sich am besten mit dem Pkw durchführen. Egged-Busse verkehren von Haifa nach Nazareth (Nr. 331), von Nazareth nach Tiberias (Nr. 451) und von Tiberias nach Qiryat Shemona (Nr. 541, 840).

Die erste Touretappe führt von **Haifa** › S. 77 nach **Nazareth** › S. 92, der »Wiege des Christentums« mit der **Verkündigungskirche.** Anschließend geht es auf der Schnellstraße 754 vorbei an **Mash'had,** der Heimat des Propheten Jona, zum Ort **Kafr Kanna** › S. 93, Schauplatz der Hochzeit von Kana.

Von Kafr Kanna aus geht die Fahrt weiter auf der N 77 nach **Tiberias** › S. 93 am Ufer des **Sees Genezareth** › S. 93. Wer hier Quartier nimmt, kann nachmittags eine Bootsfahrt auf dem »Galiläischen Meer« unternehmen. Anderntags geht auf der N 90 nordwärts, bei Rosh Pina zweigt die N 89 nach **Safed** › S. 99 ab, eine der vier heiligen Städte des Judentums mit vielen Synagogen. Bei Hazor beginnt die Hula-Ebene – einen Eindruck von der Sumpflandschaft, die sich hier einst erstreckte, gibt das **Hula Nature Reserve** › S. 101. Als Nachtquartier bietet sich der Kibbuz Hagoshrim nördlich der Kleinstadt **Qiryat Shemona** › S. 101 an. Am nächsten Tag kann man durch die dichte Vegetation des **Tel Dan Nature Reserve** › S. 101 wandern. Bereits auf dem Gebiet des besetzten Golan liegt das **Banias Nature Reserve** › S. 101 mit einer der Jordanquellen. Endpunkt ist die **Burg Nimrod** › S. 104, von der sich grandiose Ausblicke über die Golanhöhen bieten.

INFOS VON A–Z

ÄRZTLICHE VERSORGUNG

In Israel erfolgt die ärztliche Versorgung auf hohem Niveau. Die meisten Ärzte sprechen Englisch. Rechnungen sind in bar oder per Kreditkarte zu bezahlen, daher empfiehlt sich der Abschluss einer privaten Reisekrankenversicherung, die auch einen ggf. notwendig werdenden Rücktransport einschließt. In Notfällen erfährt man unter der Nummer 101, welches Krankenhaus in der Nähe gerade Notdienst hat.

BARRIEREFREIES REISEN

Die Hilfsorganisation Yad Sarah unterhält im ganzen Land Niederlassungen, in denen man Rollstühle und andere Hilfsmittel ausleihen kann.

- **Yad Sarah**
  124 Herzl Blvd., Jerusalem,
  Tel. 02-644 446 87,
  www.yad-sarah.net

DIPLOMATISCHE VERTRETUNGEN

IN ISRAEL:

- **Deutsche Botschaft**
  3 Daniel Frisch-St., 19. Stock, Tel Aviv,
  Tel. 03-693 13 13,
  www.tel-aviv.diplo.de
- **Österreichische Botschaft**
  Sason Hogi Tower, 12 Abba Hillel Silver St., 4. Stock, Ramat Gan,
  Tel. 03-612 09 24,
  www.bmeia.gv.at/oeb-tel-aviv
- **Schweizerische Botschaft**
  228 Ha Yarkon St., Tel Aviv,
  Tel. 03-546 44 55,
  www.eda.admin.ch/telaviv

In den Palästinensischen Gebieten:

- **Vertretungsbüro der Bundesrepublik Deutschland**
  13 Berlin St., Ramallah,
  Tel. 02-297 76 30,
  www.ramallah.diplo.de

EINREISE

Für die Einreise benötigt man einen noch sechs Monate gültigen Reisepass. Deutsche, die vor dem 1. Januar 1928 geboren sind, benötigen ein Visum. Fragen zum Visum und seiner Erteilung beantwortet die Botschaft des Staates Israel, Auguste-Viktoria-Str. 74–76, 14193 Berlin, Tel. 030-89 04 55 11, www.embassies.gov.il/berlin. Die Aufenthaltsdauer darf drei Monate nicht überschreiten. Stempel im Pass von Besuchen in arabischen Ländern sind kein Hindernis bei der Einreise, können aber zu intensiver Befragung führen. Ggf. sollte man sich einen zweiten Reisepass ausstellen lassen.

Bei der Einreise erhalten Besucher eine computererstellte Einreisekarte (Border Control Clearance), die bei der Ausreise wieder vorgelegt werden muss. Das Stempeln des Einreisevermerks in den Pass entfällt. Besucher, die planen, nach ihrer Israel-Reise in arabische Länder zu reisen, müssen daher nicht mehr auf das Stempeln eines separaten Blattes achten.

Nichtisraelische Besucher können unter Beachtung der Öffnungszeiten der Checkpoints jederzeit die von den palästinensischen Autonomiebehörden verwalteten A-Gebiete (Bethlehem, Jericho, Ramallah etc.) besuchen.

Das Auswärtige Amt empfiehlt, sich auch bei einem Kurzzeitaufenthalt bis spätens 10 Tage vor Reiseantritt in der Krisenvorsorgeliste des Auswärtigen Amtes online zu registrieren (www.elefand.diplo.de). Die Daten werden nach Reiseende automatisch wieder gelöscht.

ELEKTRIZITÄT

Die Netzspannung beträgt 220 V bei einer Frequenz von 50 Hz. Die meisten Steckdosen sind dreipolig, aber nicht immer ist deshalb ein Adapter erforderlich.

FEIERTAGE IN ISRAEL – TERMINE:

- **Rosch Hashana** 2020: 19./20. 09., 2021: 07./08. 09., 2022: 26./27. 10.
- **Jom Kippur** 2020: 28. 09., 2021: 16. 09., 2022: 05. 10.
- **Sukkot** 2020: 03.–09. 10., 2021: 21.–27. 09, 2022: 10.–16. 10.
- **Chanukka** 2020: ab 11. 12., 2021: ab 29. 11., 2022: ab 19. 12.
- **Purim** 2020: 10. 03., 2021: 26. 02., 2022: 17. 03.
- **Pessach** 2020: ab 09. 04., 2021: ab 28. 03., 2022: ab 16. 04.
- **Shawuot** 2020: 29./30. 05., 2021: 17./18. 05, 2022: 05./06. 06.
- **Jom Haschoa/Holocaustgedenktag** 2020: 21. 04., 2021: 07. 04., 2022: 18. 04.
- **Jom Haatzmaut/Unabhängigkeitstag** 2020: 29. 04., 2021: 15. 04., 2022: 05. 05.

GELD UND WÄHRUNG

Offizielle Landeswährung ist der Neue Israelische Schekel (NIS), 1 Schekel = 100 Agorot, es gibt keine Einfuhr- oder Ausfuhrbeschränkungen. Kreditkarten werden im ganzen Land akzeptiert, mit der Kredit- oder Bankkarte kann man an vielen Automaten NIS abheben (Gebühren und Tageslimit bei der heimatlichen Bank erfragen). Geld wechseln kann man im ganzen Land in Banken und Wechselstuben. Am Flughafen Tel Aviv ist der Kurs vergleichsweise schlecht.

Wechselkurs (Stand Juni 2019): 1 Euro = 4,04 NIS, 1 CHF = 3,61 NIS; 1 NIS = 0,25 Euro/0,28 CHF (aktueller Tageskurs unter www.oanda.com/de, Links »Währungsrechner«, »Umrechner«).

INFORMATIONEN

- Auskünfte und Versand von Infomaterial (zuständig für Deutschland, Österreich und die Schweiz):
  Staatliches Israelisches Verkehrsbüro, Auguste-Viktoria-Str. 74, 14193 Berlin, Tel. 030-203 99 70; www.info.goisrael.de; in Israel › S. 122.
- Sicherheitshinweise:
  Deutsches Auswärtiges Amt, www.auswaertiges-amt.de
- Christlich-religiöse Informationen:
  Christian Information Center, Jaffa Gate, Jerusalem, Tel. 02-627 26 92, www.cicts.org

INTERNET

Der Ben Gurion Airport, Israel Railways sowie viele Cafés und Hotels bieten WLAN-Internetzugang (letztere teils gegen Gebühr). Internetcafés gibt es in jedem größeren Ort, aber sie werden weniger, da die meisten Israelis inzwischen über eigene Zugänge verfügen.

KNIGGE

Beim Besuch religiöser Stätten ist angemessene Bekleidung notwendig. Männer müssen beim Besuch von Synagogen eine Kippa tragen. Kurze Hosen, Röcke und ärmellose T-Shirts sind unangebracht. Frauen sollten immer einen leichten Schal dabei haben, weil beim Besuch religiöser Stätten Kopf, Schulter und Arme bedeckt sein müssen.

Beim Fotografieren und Filmen gilt: Nicht abgelichtet werden dürfen militärische Anlagen, Grenzbefestigungen und Polizeistationen. Bei Nahaufnahmen von Menschen sollte man grundsätzlich vorher um Erlaubnis bitten, bei orthodoxen Juden und muslimischen Frauen besser ganz davon Abstand nehmen. Am Sabbat und an hohen jüdischen Feiertagen ist das Fotografieren an der Klagemauer nicht erlaubt.

MEHRWERTSTEUER (VAT)

Die Mehrwertsteuer in Israel beträgt 17 % und wird Touristen, die Waren im Wert von mehr als 400 NIS in autorisierten israelischen Geschäften erwerben, am Ben Gurion Airport bei der Abreise erstattet. Erforderlich sind eine Quittung *(refund invoice)* der Bezahlung in US-$ oder Euro und ein ausgefülltes Formular des Geschäfts. Mit beiden Dokumenten und der Ware geht man in der Abflughalle zum Zoll, danach erstattet die sich daneben befindende Bank die Summe.

NOTRUF

- **Polizei:** Tel. 100
- **Magen David Adom (Rotes Kreuz):** Tel. 101
- **Feuerwehr:** Tel. 102

ÖFFNUNGSZEITEN

Von Freitagnachmittag bis Samstagabend herrscht Sabbatruhe. Sie gilt auch für öffentliche Verkehrsmittel (Ausnahmen: Haifa, Nazareth, Ostjerusalem).

- **Geschäfte:** in der Regel So–Do 8.30–13, 15–19, Fr 9–13 Uhr
- **Postämter:** So–Do 8.30–12.30, 15.30–18, Fr 8.30–12.30 Uhr. Das Logo der israelischen Post ist ein weißer Hirsch auf rotem Grund.

SICHERHEIT

Vor einer Israelreise sollte man sich über die aktuelle Sicherheitslage informieren (www.auswaertiges-amt.de). Derzeit wird von Aufenthalten im Grenzgebiet zum Gazastreifen sowie zu Syrien, insbesondere östlich der Straße 98, dringend abgeraten. Auseinandersetzungen zwischen israelischen Siedlern und Palästinensern in den besetzten Gebieten und Anschläge in den Großstädten sind Gefahren, die nicht auszuschließen sind. Andererseits gewährleisten die strengen Kontrollen durch Sicherheitskräfte an öffentlichen Plätzen ein hohes Maß an Sicherheit.

TELEFON

Öffentliche Telefone gibt es nur noch wenige, sie funktionieren mit Telefonkarten, erhältlich bei jedem Postamt und in fast allen Geschäften mit unterschiedlichen Guthaben. Internationale Telefongebühren sind relativ niedrig.

Israel zählt weltweit zu den Ländern mit der höchsten Handydichte. Man kann bei der Ankunft im Ben Gurion Airport ein Mobiltelefon an den Theken der israelischen Netzbetreiber leihen, wenn man die entsprechende SIM-Karte miterwirbt. Die Roaminggebühren für in Deutschland zugelassene Handys sind hoch. Mit Telefonie-Apps wie Skype oder WhatsApp kann man aus einem WLAN-Netz heraus kostenlos Gespräche führen.

TRINKGELD

Wenn kein Bedienungsgeld auf der Restaurant-Rechnung ausgewiesen ist, sind 10–15 % Trinkgeld angemessen. Reiseleiter bekommen 3 €, Fahrer 2 € pro Tag.

ZEIT

MEZ + 1 Std. Auch in Israel gilt Sommerzeit, allerdings wechselt diese mit dem jüdischen Kalender.

ZOLL

Nach Israel darf man zollfrei einführen: 200 Zigaretten, 2 Flaschen Wein, 1 Liter Spirituosen, 250 ml Parfüm, Geschenke bis zum Wert von 150 US-$. Die Einfuhr von Lebensmitteln und Waffen ist untersagt. Bei der Wiedereinreise nach Deutschland und Österreich gelten die EU-Einfuhrbestimmungen. Geschenke bis zu einem Wert von 430 € sind zollfrei, in der Schweiz liegt die Grenze bei 300 CHF, weitere Infos unter www.zoll.de, www.bmf.gv.at/zoll und www.ezv.admin.ch.

URLAUBSKASSE

• Tasse Kaffee:	3,50 €
• Cola:	4 €
• Glas Bier:	4,70 €
• Portion Hummus:	5 €
• Taxi (pro km):	2 €
• Mietwagen/Tag:	35 €
• 1 l Benzin:	1,65 €

REGISTER

BILDNACHWEIS

Coverfoto: Wüste Negev, Awdat-Quelle, En-Awdat-Nationalpark, Israel © Jahreszeiten Verlag/Schmitz, Walter
Fotos Umschlagrückseite: Jahreszeiten Verlag/Schmitz, Walter (links & rechts); Perez, Dan (Mitte)

AWL Images/Langley, Jason: 6; Alamy/Isachar, Hanan: 79; Getty Images/Bibikow, Walter: 128; Getty Images/EyeEm/Dengler, Matthias: 81; Getty Images/EyeEm/Ilan, Yael: 10; Getty Images/Jacobs, Michael: 58; Getty Images/Maremagnum: 125; Getty Images/NurPhoto: 88; Getty Images/White, Tim E.: 20; Huber Images/Schmid, Reinhard: 123, 138; iStockphozo/Beldowska, Malgorzata: 134; iStockphoto/kavram: 145; iStockphoto/Lazar, Bogdan: 97; Jahreszeiten Verlag/GARP/Hänel, Gerald: 118; Jahreszeiten Verlag/Hilger, Naftali: 22, 30; Jahreszeiten Verlag/Schmitz, Walter: 48, 65, 68, 98, 113, 131, 148; laif/hemis.fr/Maisant, Ludovic: 62; laif/hemis/Renault, Philippe: 50; laif/Hub, Andreas: 19; laif/Kern, Corinna: 44; laif/Martin, Michael: 142; Lauer, Carolin: 8; LOOK-foto/Fleisher, Elan: 29; mauritius images/Alamy: 66; Ministry of Tourism: 61, 102; Perez, Dan: 9; plainpicture/Nesher, Guy: 38; Weber, Achim/Lauer, Carolin: 28; Shutterstock/Africa Studio: 17; Shutterstock/alefbet: 18; Shutterstock/badahos: 27; Shutterstock/ChameleonsEye: 16, 57; Shutterstock/Cortyn: 74; Shutterstock/DeltaOFF: 14; Shutterstock/Glinsky, Rostislav: 32; Shutterstock/Konstantnin: 107; Shutterstock/Layue: 13; Shutterstock/Lerner, Vadim: 141; Shutterstock/Lieber, Horst: 108; Shutterstock/mazmacs: 103; Shutterstock/Prescott, Paul : 84; Shutterstock/Protasov AN: 87; Shutterstock/Rozhkov, Igor: 137; Shutterstock/Savina, Olga: 76; Shutterstock/Theodor, John: 12; Shutterstock/tTroiani, Mario: 53; Shutterstock/VanderWolf Images: 15; Shutterstock/Volkova, Natalia: 92.

Liebe Leserin, lieber Leser,
wir freuen uns, dass Sie sich für diesen POLYGLOTT on tour entschieden haben.
Unsere Autorinnen und Autoren sind für Sie unterwegs und recherchieren sehr gründlich, damit Sie mit aktuellen und zuverlässigen Informationen auf Reisen gehen können.
Dennoch lassen sich Fehler nie ganz ausschließen. Wir bitten Sie um Verständnis, dass der Verlag dafür keine Haftung übernehmen kann.

Ihre Meinung ist uns wichtig. Bitte schreiben Sie uns:
GRÄFE UND UNZER VERLAG
Postfach 86 03 66, 81630 München, Tel. 0 89 / 419 819 41
www.polyglott.de

LESERSERVICE
polyglott@graefe-und-unzer.de
Tel. 0 800 / 72 37 33 33 (gebührenfrei in D, A, CH), Mo–Do 9–17 Uhr, Fr 9–16 Uhr

1. Auflage 2019

Dieses Buch wurde auf chlorfrei gebleichtem Papier gedruckt.
ISBN 978-3-8464-0479-9

Verlagsleitung: Grit Müller
Verlagsredaktion: Anne-Katrin Scheiter
Autor: Carolin Lauer
Redaktion: Anja Lehner
Bildredaktion: Anne-Katrin Scheiter
Mini-Dolmetscher: Langenscheidt
Umschlaggestaltung & Layout: Independent Medien Design, München
Horst Moser (Artdirection), Lucie Heselich
Karten & Pläne: Huber Kartographie GmbH
Satz: Tim Schulz, Mainz
Herstellung: Anna Bäumner, Gloria Schlayer
Druck und Bindung: Printer Trento, Italien

PEFC
PEFC/18-31-506

GRÄFE UND UNZER

Ein Unternehmen der
GANSKE VERLAGSGRUPPE

MINI-DOLMETSCHER HEBRÄISCH

ALLGEMEINES

Guten Tag.	bokär **tohw**
Guten Tag (allg.).	scha**lom**
Guten Abend.	äräw **tohw**
Hallo!	ha**loh**
Wie geht's?	zu Mann: ma‿schlom**cha** zu Frau: ma‿schlom**ehch**
Danke, gut.	**tohw**, to**da**
Ich heiße ...	schmih ...
Auf Wiedersehen.	l‿hitra·**ot**
Morgen	bokär
Vormittag	lif**neh** hazoho**ra**jim
Nachmittag	acha**reh** hazoho**ra**jim
Abend	**ä**raw
Nacht	**lai**la
morgen	ma**char**
heute	ha**johm**
gestern	ät**mol**
Sprechen Sie Deutsch / Englisch?	zu Mann: at**a** mə**da**ber gärma**nit** / ang**lit** zu Frau: at mə**da**bä**r**at gärma**nit** / ang**lit**
Wie bitte?	sli**chah** / bəwaka**schah**
Ich verstehe nicht.	a**ni** lo me**wihn** (m.) / məwi**nah** (w.)
Sagen Sie es bitte noch einmal.	zu Mann: ta**gihd** ät **säh** od **pa**am, bawaka**schah** zu Frau: tag**ih**dih ät **säh** od **pa**am, bawaka**schah**
..., bitte.	bawaka**schah**
danke	to**da**
Keine Ursache.	al **lo** da**war**
was / wer	ma / mi
welcher	**eh**sä
wo	**eh**fo
wohin	lə·**lahn**
wie	ehch oder keh**zad**
wie viel	**ka**ma
wann	ma**tai**
wie lange	kama **sman**
Wie heißt das?	ehch kor·**ihm** / om**rihm** la**säh**
Wo ist ...?	**eh**fo ...
Können Sie mir helfen?	zu Mann: tu**chal** la·**asor** lih zu Frau: tu**chli** la·**asor** lih
ja	ken
nein	loh
Entschuldigen Sie.	ßli**chah**
Das macht nichts.	ehn da**war**

SHOPPING

Wo gibt es ...?	**eh**fo jesch
Wie viel kostet das?	**ka**ma säh o**läh**
Wo ist eine Bank?	**eh**fo **bank**
Geben Sie mir bitte 100 g Käse / zwei Kilo Orangen.	zu Mann / Frau: **ten** / **tni** li me·**ah** gram gwi**nah** / sch**neh** **ki**lo tapu**sihm**
Haben Sie deutsche Zeitungen?	zu Mann / Frau: jesch l**əcha** / lahch it**onihm** gärmani**jihm**
Wo kann ich telefonieren?	**eh**fo äf**schar** lətal**fen**
Wo kann ich eine Telefonkarte kaufen?	**eh**fo äf**schar** kar**tis**‿**tä**läfohn

ESSEN UND TRINKEN

Die Speisekarte, bitte.	hata**friht**, bəwaka**schah**
Brot	**lä**chäm
Kaffee	ka**feh**
Tee	teh
mit Milch / Zucker	im cha**law** / su**kar**
Orangensaft	miz‿tapu**sihm**
Mehr Kaffee, bitte.	jo**ter** ka**feh**, bəwaka**schah**
Suppe	ma**rak**
Fisch	da**gihm**
Meeresfrüchte	**perot**‿ha**jam**
Fleisch	ba**ßar**
Geflügel	o**fot**
Beilage(n)	to**sä**fät
vegetarische Gerichte	ma·acha**lihm** zimchoni**jihm**
Eier	beh**zihm**
grüner Salat (gemischter) Salat	**cha**ßnah ßa**lat**
Dessert	**kinu**·ach‿sə‿u**dah**
Obst	pe**rot**
Eis	gli**dah**
Wein	**ja**jin
weiß / rot / rosé	la**wan** / **adom** / wa**rod**
Bier	**bih**ra
Wasser	**ma**jim
Mineralwasser	**ma**jim mine**ra**lijihm
Limonade	ga**sos**
Ich möchte bitte zahlen.	a**ni** məwa**kesch** (m.) / məwa**ke**schät (w.) ləscha**lem**
Es war sehr gut.	säh ha**jah** tow·maod

MEINE ENTDECKUNGEN

Teilen Sie Ihre Entdeckungen auf facebook.com/Polyglottreisewelt.

CHECKLISTE ISRAEL

Nur da gewesen oder schon entdeckt?

- ☐ **SONNENAUFGANG AM ÖLBERG**
  Vom Aussichtsplateau vor dem Hotel Seven Arches kann man dabei zusehen, wie die Kuppel des Felsendoms sich langsam in strahlendes Gold kleidet. > S. 16

- ☐ **ARCHITEKTURSPAZIERGANG DURCH DIE »WEISSE STADT«**
  Die Bauten ähneln Schiffen im Wüstensand – ein Bummel entlang der Dizengoff und Bialik Street macht bekannt mit Tel Avivs reichem Bauhauserbe. > S. 57

- ☐ **TAUCHGANG IN DIE ANTIKE**
  Bei Caesarea bildet der von Herodes angelegte Hafen für archäologisch interessierte Taucher ein beeindruckendes Unterwasserszenarium. > S. 12

- ☐ **AUFSTIEG ZUR FELSENFESTUNG MASSADA**
  Kein Ort hat für das jüdische Selbstverständnis mehr Bedeutung, und die Lage auf einem Felsplateau hoch über dem Toten Meer ist atemberaubend. > S. 12

- ☐ **OASENZAUBER**
  In En Gedi gibt es Wasserfälle, natürliche Süßwasserpools, tropische Vegetation inmitten wüstenhafter Landschaft – und natürlich das Tote Meer. > S. 136

- ☐ **CHILLEN AM STRAND**
  Jeden Freitag wird Tel Avivs südlicher Strandabschnitt zum »Drum Beach« – Trommler feiern mit improvisierten Sessions den Sonnenuntergang. > S. 13

- ☐ **HIMMEL ÜBER DER WÜSTE**
  Nächtliche Touren in den Negev lüften die Geheimnisse des Sternenhimmels, der hier zum Greifen nah erscheint. > S. 17

MITBRINGSEL

- **Ahava-Kosmetik:** Pflegeprodukte auf der Basis von mineralhaltigem Schlamm aus dem Toten Meer > S. 18
- **Israelisches Design:** z. B. die originellen Notizbücher und -blöcke von Pulp > S. 18

TOUREN & SEHENSWERTES

TEL AVIV

Tel Aviv ist eine auch an Einwohnern junge Stadt und eine Goldmine an neuen Ideen und Impulsen

Tel Aviv ist die unheiligste Stadt im Heiligen Land – eine quirlige Metropole voller Kultur und irdischer Unterhaltung, mit vielen interessanten Museen und einem aufregenden Strand, hinter dem die Hochhäuser internationaler Hotelketten aufragen.

Tel Aviv ist boomendes Wirtschaftszentrum und kultureller Mittelpunkt – kurzum: Israels heimliche Hauptstadt. Die nach Jerusalem zweitgrößte Stadt des Landes zählt etwa 440 000 Einwohner. Der Großraum Tel Aviv ist mit über 3,8 Mio. Einwohnern Israels größtes Ballungsgebiet. Jerusalem sei heilig, so heißt es, Tel Aviv dagegen irdisch. Mehrere Theater, Kinos, ein Philharmonisches Orchester von Weltruf, Kulturangebote aller Art, gute Restaurants und eine lebendige Klub- und Barszene bieten jede Menge weltliches Vergnügen. Abends kommen deshalb viele Jerusalemer, insbesondere am Sabbat.

Tel Aviv ist eine junge Stadt. Ein Foto von 1909 im Independence Hall Museum zeigt etwa 50 gut gekleidete Herren, die sich in den Dünen am Strand nördlich von Jaffa versammeln und dort seltsam deplatziert wirken. Der spätere Bürgermeister Meir Dizengoff verlost die ersten 60 Parzellen des »Frühlingshügels« – so die Übersetzung des hebräischen Namens Tel Aviv. Dies war die Geburtsstunde der Stadt. Sie wurde von Juden aus Jaffa gegründet, von denen die meisten aus Europa nach Palästina eingewandert waren, beseelt von der neuen Ideologie des Zionismus und dem Traum von einer humanen, sozial gerechten Gesellschaft. In den 1930er-Jahren wurde Tel Aviv zur Zufluchtsstätte europäischer Emigranten, darunter auch viele Architekten. Bis 1948 wuchs es zur größten Stadt Palästinas heran. Nach dem 14. Mai 1948, als David Ben Gurion im damaligen Stadtmuseum Israels Unabhängigkeit ausrief, war Tel Aviv sogar für kurze Zeit die Hauptstadt des neu gegründeten Staates.

Das südlich von Tel Aviv gelegene, arabisch geprägte Jaffa wurde am 13. Mai 1948 von der jüdischen Armee erobert; damals verließ fast seine gesamte Bevölkerung die Stadt in Richtung Gaza. 1950 wurde dann Jaffa in das Stadtgebiet von Tel Aviv eingemeindet und trägt seither offiziell den Namen Tel Aviv-Yafo. Die Hafenstadt Jaffa ist – das belegen archäologische Funde – mehr als 4000 Jahre alt. Über Jaffa gelangte das libanesische Zedernholz nach Jerusalem, das Salomo für den Bau des Ersten Tempels verwendete. Später eroberten die Römer die Stadt, dann die Kreuzfahrer, schließlich die türkischen Sultane und 1799 Napoleon. 1917 ergab sich Jaffa den Briten. Jahrtausendelang war Jaffa der Hafen Jerusalems, vor und während der britischen Mandatszeit zugleich auch Anlaufstelle vieler jüdischer Einwanderer.

UNTERWEGS IN TEL AVIV

TOUR 1

DURCH DIE INNENSTADT

ROUTE: Ben Gurion House > Rabin Square > Museum of Art > Azrieli Center > Charles Bronfman Auditorium > Dizengoff Street > Sheinkin Street > Carmel Market > Nachalat Binyamin > Migdal Shalom > Independence Hall Museum > Rothschild Boulevard

KARTE: Seite 54
DAUER/LÄNGE: 1 Tag (oder zwei halbe Tage) zu Fuß; ca. 15 km
PRAKTISCHE HINWEISE:

- Tel Aviv verfügt über ein sehr gut ausgebautes Busnetz. Mehr Spaß macht es jedoch, die Innenstadt wenigstens in Teilen zu Fuß zu erkunden. Für längere Wegstrecken kann man ein Taxi nehmen.
- Ein Hinweis zur Orientierung: Die Hausnummern steigen vom Meer Richtung Osten und von Süden nach Norden an.

TOUR-START: BEN GURION HOUSE 1 b3

An der großen Marina Tel Avivs, jenseits des Atarim-Platzes, beginnt der Ben Gurion Boulevard. Im strandnah gelegenen Haus Nr. 17, dem **Ben Gurion House,** lebte Israels erster Premierminister mit seiner Frau Paula, bevor er nach Sde Boker übersiedelte. Das Paar vermachte das bescheidene Wohnhaus dem Staat, der hier ein Bildungs- und Forschungszentrum sowie ein Museum einrichtete. Es zeigt persönliche Gegenstände aus dem Besitz David Ben Gurions und seine umfangreiche private Bibliothek (So, Di–Do 8–15, Mo 8–17, Fr 8–13, Sa 11–14 Uhr, www.bg-house.org, Eintritt frei).

RABIN SQUARE 2 b3

Der Ben Gurion Boulevard mündet in den Rabin Square, den früheren Platz der Könige Israels. Von der Empore des modernen **Rathauses** sprach der Premierminister Yitzhak Rabin am 4. Nov. 1995 bei einer Kundgebung über seine Friedenspolitik. Als er danach in seinen Wagen stieg, wurde er von einem radikalen jüdischen Siedler erschossen. Eine Gedenkstätte der Bildhauerin Yael Artsi erinnert an die Tat. Am Unabhängigkeitstag steht der Rabin Square im Zentrum der offiziellen Feierlichkeiten.

RESTAURANT

Brasserie M & R

Wer noch nicht gefrühstückt hat, kann hier den besten Milchkaffee der Stadt und gute Croissants zu sich nehmen. Rund um die Uhr geöffnet.

- 70 Even Gvirol (Ibn Gabirol) St. | Tel Aviv
  Tel. 03-696 71 11
  www.brasserie.co.il

Das Museum of Art war das erste Kunstmuseum im Nahen Osten

MUSEUM OF ART 3 c4

Tel Avivs größtes Kunstmuseum, seit 1971 an diesem Standort, wurde 2011 durch einen eindrucksvollen Anbau erweitert. Es präsentiert israelische und internationale Kunst mit einem Schwerpunkt auf der klassischen Moderne. Wechselausstellungen zeigen israelische Gegenwartskunst (27 King Saul Blvd., Mo, Mi, Sa 10 bis 18, Di, Do 10–21, Fr 10–14 Uhr, www.tamuseum.org.il, 50 NIS).

AZRIELI CENTER 4 c4

Ein runder, ein dreieckiger und ein rechteckiger Turm bilden den weithin sichtbaren Hochhauskomplex. Er beherbergt eine Shoppingmall und das Crowne Plaza Hotel. Vom Observation Deck im 49. Stock aus hat man einen schönen Blick über die Stadt (132 Petah Tikva Rd., Aufzug vom 3. Stock des runden Turms, So–Do 10–22, Fr 9.30–18, Sa ca. 20.30–23.30 Uhr, 22 NIS).

SARONA 5 c4

Der Komplex verbindet historisches Erbe mit Gastronomie und modernem Lifestyle: Fast ein Drittel des einst 100 Häuser umfassenden Viertels der deutschen Templer, die 1871 hier siedelten und ihre vierte Kolonie gründeten, wurde originalgetreu restauriert. Das kulinarische Angebot im **Sarona Market** ist fantastisch (Sarona Visitor Center, 14 Albert Mendler St., Tel. 03-604 96 34, So–Di, Do 9–17, Mi Juni–Aug. 10 bis 21, sonst 10–18, Fr 10–14, Markt So–Do 9–22, Fr 8–17, Sa 9–23 Uhr, www.saronamarket.co.il).

CHARLES BRONFMAN AUDITORIUM 6 b4

Über die Eliezer Kaplan Street erreicht man das Charles Bronfman Auditorium, Heimat des berühmten Israel Philharmonic Orchestra. Es steht unter der Leitung von Lahav Shani. Lange trug die größte Kon-

0
1 km
N
MITTELMEER
START 1
Marina
START 2
START 3
Haifa
Sde-Dov Airport
17
Tel Aviv Port
18
University Station
Rokach Interchange
Ganei Yehoshua (HaYarkon Park)
Planetarium
14
15
16
Rat-haus
Dubnov Garden
HaShalom Station
Hashalom Interchange
Meir Garden
White City Center
Drum Beach
Charles Clore Park
Neve Tzedek
JAFFA
Jaffa Old Port
HaHagana Station
HaHagana Garden
Harakevet Interchange
Hahalakha Interchange
Qibbuz Galuyyot Interchange
Jerusalem
Ashdod
Sderot Rokach
Shay Agnon
Ibn Gevirol
Hataarukha
Hayarkon
Sderot Nordau
Pinkas
Jabotinsky
Arlosoroff
Sderot Ben Gurion
Dizengoff
Gordon
Frischmann
Eliezer Kaplan
Derech Namir
Derech Menachem Begin
Ayalon South
Ayalon North
Derech Hashalom
Allenby
Rothschild
Sheinkin
Herzl
Derech Jaffa
Derech Q. Galuyyot
Derech Ben Zvi
Sderot Yerushalayim
Derech Hahaganna
Lehi
Bialik
Arye Nahar
Yigal Allon
Einstein
Brazil
Levanon
Dr. G. Wise

TOUREN IN TEL AVIV

TOUR 1

DURCH DIE INNENSTADT

1 Ben Gurion House
2 Rabin Square
3 Museum of Art
4 Azrieli Center
5 Sarona
6 Charles Bronfman Auditorium
7 Dizengoff Center
8 Dizengoff Square
9 Sheinkin Street
10 Carmel Market
11 Nachalat Binyamin
12 Migdal Shalom
13 Independence Hall Museum
14 Rothschild Boulevard

TOUR 2

NÖRDLICH DES ZENTRUMS

15 Beit Hatfutsot
16 Yitzhak Rabin Center
17 Eretz Israel Museum
18 Sde-Dov Airport
19 Tel Aviv Port

TOUR 3

SÜDEN & OLD JAFFA

20 Charles Clore Park
21 Neve Tzedek
22 Ha Tachana
23 Beit Gidi Etzel Museum
24 Clocktower
25 Mahmoudiya-Moschee
26 Kedumim Square
27 Andromeda-Felsen
28 St. Peterskirche
29 Hapisga Park
30 Alter Hafen

zerthalle des Landes den Namen ihres Financiers, Frederic R. Mann (Tel. 03-621 17 77, www.ipo.co.il).

DIZENGOFF STREET

An der Nordseite des Auditoriums verläuft die Dizengoff Street, eine von zahlreichen Geschäften, Cafés und Bistros gesäumte Flaniermeile. Im Süden an der Ecke King George Street wird sie vom **Dizengoff Center** 7 b4 überspannt, der traditionellsten Shoppingmall der Stadt.

Ein Zentrum städtischen Lebens ist der **Dizengoff Square** 8 b4, 1938 eingeweiht, in den 1970er-Jahren auf eine Betonplattform verlegt und 2016–2018 ebenerdig neu gestaltet. Seinen Mittelpunkt bildet der **Feuer-und-Wasser-Brunnen** von Yaacov Agam. Am Rand steht das stilvoll renovierte Cinema Hotel, ein ehemaliges Kino, das in den 1930er-Jahren im Bauhausstil errichtet wurde › S. 64.

SHEINKIN STREET 9 b4

Die Sheinkin Street gehört zum Pflichtprogramm all jener, die das vibrierende Tel Aviv der Bohemiens kennenlernen möchten. Hier reihen sich hippe Läden, kleine Restaurants, Galerien, Tattooshops, angesagte Bars und Cafés zum Leute-Beobachten aneinander.

MÄRKTE

Der nahe **Carmel Market** 10 ★ b5 ist der größte und geschäftigste Markt in Tel Aviv mit einem vielfältigen Angebot an frischem Obst und Gemüse. Exotische Gerüche und ein buntes Menschengewim-

Karte S. 54

mel verbreiten orientalisches Flair. In den Seitenstraßen bieten winzige Läden diverse in Fässern eingelegte Fisch- und Gemüsesorten zum Verkauf an › S. 47.

Schräg gegenüber dem Carmel Market beginnt die **Nachalat Binyamin Street** 11 b5, die dienstags und freitags für Autos gesperrt ist und sich dann als Fußgängerzone in einen attraktiven Künstlermarkt verwandelt. Dicht an dicht stehen die Verkaufsstände, an denen einheimische Künstler Bilder, Schmuck, Spielzeug und Kunsthandwerk feilbieten. Dazwischen geben Straßenmusiker Proben ihres Könnens (Di 10–17, Fr 10–16.30, Juli/Aug. Di 10–18, Fr 10–17 Uhr, www.nachalatbinyamin.com).

MIGDAL SHALOM 12 b5

Der 130 m hohe Migdal Shalom, auch Shalom Meir Tower genannt, war bei seiner Erbauung im Jahr 1962 das erste Hochhaus in Israel und lange Zeit das einzige im Nahen Osten. Er steht an der Stelle des Theodor-Herzl-Gymnasiums, der ersten jüdischen Schule Palästinas. Mit seiner erdbebensicheren Architektur und der unter dem Hochhaus durchführenden Straße war der Migdal Shalom lange ein Bau der Superlative. Er beherbergt ein Einkaufszentrum, Restaurants, Büros und Eigentumswohnungen. Die **Shalom Tower Galleries** in der Lobby und im Erdgeschoss zeigen Fotos zur Stadtgeschichte und zeitgenössische Kunst (So–Do 10–17, Fr 10–13 Uhr, www.migdalshalom.co.il, Eintritt frei).

INDEPENDENCE HALL MUSEUM 13 b5

Am Rothschild Boulevard Nr. 16 wohnte Tel Avivs erster Bürgermeister, Meir Dizengoff. Den Bauplatz hatte er bei der Auslosung der Parzellen 1910 in den Dünen gewonnen › S. 51. 1930 stiftete er das Haus der Stadt, die hier 1932 das Museum of Arts einrichtete. Am 14. Mai 1948 rief Ben Gurion in der Halle vor dem Nationalrat der Juden in Palästina den Staat Israel aus – eine Ausstellung widmet sich dem Ereignis (wegen Renovierung bis 2022 im Erdgeschoss des Migdal Shalom, So–Do 9–17, Fr 9–13 Uhr, www.eng.ihi.org.il, 20 NIS).

ROTHSCHILD BOULEVARD 14 b5

Tel Avivs Prachtstraße ist der Rothschild Boulevard. Die baumbestandene Allee mit ihren Cafés und Restaurants gilt als Top-Wohnadresse. Zu den ersten Häusern, die hier nach der Stadtgründung errichtet wurden, zählt die Independence Hall › oben, weitere folgten in den 1920er-Jahren. Doch ihr heutiges Erscheinungsbild erhielt die Straße in den 1930er-Jahren, als die aus Nazideutschland eingewanderten Bauhausarchitekten hier ihre neue Formensprache erprobten › Seitenblick S. 57. Bauten wie die Häuser Nr. 67 (1932), Nr. 71 (1934), Nr. 82 (1933), Nr. 83 (1929) und das Doppelhaus Nr. 89–91 (1933) machen den Rothschild Boulevard zu einem Freilichtmuseum des Neuen Bauens (Hausnummern von Süden nach Norden aufsteigend).

BAUHAUSARCHITEKTUR

Tel Avivs Bauhausarchitektur verkörpert die Aufbruchstimmung ihrer Epoche

Eine der maßgeblichen Architektur- und Kunstinstitutionen der Weimarer Republik war das Dessauer Bauhaus. Als es 1933 von den Nazis geschlossen wurde, wanderten viele seiner jüdischen Architekten ins damals britische Mandatsgebiet Palästina aus. Im Tel Aviv der 1930er-Jahre trafen sie auf jüdische Kollegen aus allen Teilen Europas, die eine ähnliche Architektur- und Formensprache mitbrachten.

Tel Aviv war damals eine noch kleine, aber schnell wachsende Siedlung – der Bedarf nach Wohnraum war groß. So entstanden nach Plänen von Arieh Sharon, Zeev Rechter und Richard Kauffmann allein 1933 Hunderte neuer Wohnhäuser im Bauhausstil, insbesondere am Rothschild Boulevard, in der Dizengoff und der Bialik Street. Charakteristisch waren schlichte, kubische Formen, weiß verputzte Fassaden, flache Dächer, kleine Fenster und die Betonung der Horizontalen.

Noch heute gibt es ca. 4000 Gebäude im Bauhausstil, etwa 1000 von ihnen stehen unter Denkmalschutz. Seit 2003 zählt Tel Avivs Bauhausarchitektur zum UNESCO-Weltkulturerbe. Das Bauhaus Center hält Pläne und Audioguides bereit, Fr um 10 Uhr organisiert es geführte Touren (77 Dizengoff St., So–Do 10–19, Fr 10–14.30, Sa 10–19.30 Uhr, 80 NIS, www.bauhaus-center.com). Kostenlose Führungen des Tourismusamts finden Sa um 11 Uhr statt (Treffpunkt 46 Rothschild Blvd., www.visit-tel-aviv.com, dort auch Pläne zum Download). Mit dem White City Center im Max-Liebling-Haus eröffnet im Sept. 2019 eine weitere Infostelle zum Bauhaus in Tel Aviv (29 Idelson St., www.whitecitycenter.com).

Der Tel Aviv Port zählt heute zu den beliebtesten Freizeitarealen in der Mittelmeerstadt

TOUR 2

NÖRDLICH DES ZENTRUMS

ROUTE: Beit Hatfutsot – Museum of the Jewish People › Yitzhak Rabin Center › Eretz Israel Museum › Sde-Dov Airport › Tel Aviv Port

KARTE: Seite 54

DAUER: halber bis ganzer Tag

PRAKTISCHE HINWEISE:

- Die Tour konzentriert sich auf den Norden der Stadt jenseits des Flusses Yarkon, den mehrere Brücken überspannen. Er durchfließt hier eine Parklandschaft mit vielen Freizeitmöglichkeiten.
- Ein schöner Fuß- und Radweg begleitet das Flussufer.

TOUR-START: BEIT HATFUTSOT – MUSEUM OF THE JEWISH PEOPLE 15 c1

Tel Avivs bedeutendstes Museum liegt jenseits des Yarkon auf dem Campus der Universität. Die Dauerausstellung dokumentiert die Geschichte und Kultur der Juden von den Wurzeln bis in die Gegenwart und zeichnet das Leben und Leid des jüdischen Volks in der Diaspora nach. Im Zentrum steht die Frage, was heute jüdische Identität ausmacht. Das von Nahum Goldmann gegründete Museum wird bis 2020 Zug um Zug neu gestaltet, bleibt aber für Besucher geöffnet (Ramat Aviv, 2 Klausner St., So–Mi 10–17, Do 10–22, Fr 9–14, Sa 10–15 Uhr, www.bh.org.il, 49 NIS).

YITZHAK RABIN CENTER 16 c2

Südlich in Richtung Stadt liegt nicht weit entfernt eine wichtige Institution des Staates Israel, das Yitzhak

Rabin Center. Es wurde 1997 nach der Ermordung Rabins › S. 53 vom israelischen Parlament als Wissenschafts- und Erziehungszentrum mit dem Ziel gegründet, die Wurzeln der Demokratie in Israel zu stärken. Teil dieses Instituts ist das **Israeli Museum,** das sich der Geschichte Palästinas bzw. des Staates Israel von 1920 bis 1995 widmet. Eine eigene Abteilung würdigt die historische Leistung von Yitzhak Rabin (8 Haim Levanon St., So, Mo, Mi 9–17, Di, Do 9–19, Fr 9–12.30 Uhr, letzter Einlass jeweils 90 Min. früher, www.rabincenter.org.il, 50 NIS).

ERETZ ISRAEL MUSEUM 17 c2

In unmittelbarer Nähe des Rabin Center befindet sich das Eretz Israel Museum. Es liegt am Fuß des Tell Qasila, einer Ausgrabungsstätte, deren unterste Schichten ins 12. Jh. v. Chr. zurückreichen. In acht Pavillons werden verschiedene Sammlungen zur Geschichte und Kultur des Landes gezeigt; das Themenspektrum reicht von Glas und Keramik über Münzen und Judaika bis zu alten Handwerkstechniken und zur Postgeschichte. Dem Museum ist ein Planetarium angeschlossen (2 Haim Levanon St., Mo, Mi, Sa 10–16, Di, Do 10–20, Fr 10–14 Uhr, www.eretzmuseum.org.il, 52 NIS).

SDE-DOV AIRPORT 18 b1

Der nationale Flughafen von Tel Aviv trägt den Namen Sde-Dov Airport und liegt im Norden der Stadt direkt am Meer. Auf seiner kurzen Rollbahn (1700 m) können nur kleinere Maschinen starten und landen, weswegen hier nur innerisraelische Flüge z. B. nach Elat oder nach Rosh Pina in Galiläa abgewickelt werden. Seit Längerem ist das Ende der militärischen und auch zivilen Nutzung des Flughafens in der parlamentarischen Diskussion. Ein Besuch lohnt der Architektur aus den 1950er-Jahren wegen (www.iaa.gov.il).

TEL AVIV PORT 19 b2

Südlich des Sde-Dov-Flughafens liegt Namal, der alte Hafen von Tel Aviv. Mit der Eröffnung großer Häfen wie Ashdod und Ashkelon verlor er an Bedeutung und entwickelte sich zum städtischen Randgebiet. In Vorbereitung auf den 100. Jahrestag der Stadtgründung entdeckte man das Gelände wieder und entwickelte aus den mehr als 20 Hangars einen Entertainmentkomplex mit Restaurants, Bars, Klubs und Einkaufsmöglichkeiten. Entlang des Meeres erstreckt sich eine neue hölzerne Promenade mit vielen Spielmöglichkeiten, auch Yoga- und andere Sportkurse finden hier statt. Beim Spaziergang spürt man die salzige Seeluft und genießt am frühen Abend die eindrucksvollen Sonnenuntergänge (www.namal.co.il).

RESTAURANT

Shuk Ha Namal €–€€

Markt im Port mit Essensständen und in Israel produzierten Lebensmitteln. Mo–Do und Sa 9–20, Fr 7–17, So 9–14 Uhr.

- Hangar 12 an der Hafenpromenade Tel Aviv | Tel. 077-541 13 93 www.shukhanamal.co.il/english

TOUR 3

SÜDEN & OLD JAFFA

ROUTE: Charles Clore Park > Neve Tzedek > Ha Tachana > Beit Gidi Etzel Museum > Clocktower > Mahmoudiya-Moschee > Kedumim Square > St. Peterskirche > Hapisga Park > Alter Hafen

KARTE: Seite 54
DAUER/LÄNGE: 1 Tag; 3 km
PRAKTISCHER HINWEIS:
- Auf Tel Avivs historische Wurzeln stößt man im Stadtteil Yafo, dem früheren Jaffa. Man erreicht ihn zu Fuß entlang der Strandpromenade oder mit Bus 34 vom Zentrum.

TOUR-START:
CHARLES CLORE PARK 20 a5

Am Südende der Strandpromenade von Tel Aviv erstreckt sich ein sehr schöner Park, benannt nach einem britischen Industriellen (1904–1979), dessen Kinder die Grünanlage stifteten. Der Park ist mehr als nur eine beliebte Liege- und Picknickwiese mit Blick aufs Meer: Hier finden auch große Open-Air-Events wie die Pride Parade statt.

NEVE TZEDEK 21 ★ b5

Noch bevor Tel Aviv gegründet wurde, verließen ein Dutzend Juden das alte, enge Jaffa und bauten außerhalb der Stadtmauer für sich und ihre Familien neue, kleine Häuser. Nach 1909 entwickelte sich dieses erste jüdische Viertel Tel Avivs rasant zu einem eleganten Stadtteil. 1914 eröffnete hier das »Eden«, das erste Kino Tel Avivs. In Neve Tzedek wohnten Künstler, Schriftsteller und geistliche Führungspersönlichkeiten wie z. B. der Oberrabbiner von Tel Aviv, Abraham Kook.

Bekanntestes Haus im Viertel ist das 1909 als Schule erbaute **Suzanne Dellal Center,** bis heute die Heimat einer israelischen Tanztruppe (6 Yehieli St., www.suzannedellal.org.il). Als ältestes erhaltenes Gebäude gilt das 1886 errichtete Wohnhaus des aus Algerien stammenden Aharon Chelouche (1827–1920), einem der Gründer von Neve Tzedek (32 Chelouche St.).

Nach Jahren der Vernachlässigung ist Neve Tzedek heute wieder eine der besten Wohnadressen der Stadt. Besonders entlang der Shabazi Street findet man edle Boutiquen, schöne Restaurants, Galerien und nette Cafés.

RESTAURANT

Café Suzana €€
Das Lokal punktet mit einerTerrasse, die von einem riesigen Ficus beschattet wird, relaxter Atmosphäre und köstlichen Vorspeisen. So–Do, Sa 10–24, Fr 9.30–24 Uhr.
- 9 Shabazi St. | Tel Aviv-Yafo
  Tel. 053-944 30 60
  www.suzana.rest-e.co.il

HA TACHANA 22 b5

Zwischen Neve Tzedek und dem Strand liegt an der Hamered Street der alte Bahnhof Tel Avivs, Ha Tachana. 1892 weihte der jüdische Ge-

Urbanes Idyll mit Szenecafés und trendigen Boutiquen – Neve Tzedek

schäftsmann Yossef Navon die Bahnhofshalle ein, nachdem der türkische Sultan Hamed II. ihm 1888 die Lizenz für eine Eisenbahnstrecke zwischen Jaffa und Jerusalem erteilt hatte. Gegenüber dieser Station (hebräisch: *tachana*) errichtete Hugo Wieland, ein deutscher Templer › S. 81, ein Handels- und Fabrikgebäude für Baustoffe direkt an den Gleisen. Es wurde ein blühendes Unternehmen dank des Standorts und angesichts der vielen Häuser, die im Land gebaut wurden. Auch das Wohnhaus der Wielands stand auf dem Bahngelände.

Nach dem Zweiten Weltkrieg verfiel das Anwesen und wurde hinter hohen Bauzäunen versteckt. Erst 2010 entdeckte die Stadt Ha Tachana wieder, restaurierte die Anlage samt der Gleise und eröffnete einen attraktiven Freizeit- und Einkaufskomplex mit Cafés und Restaurants (So–Do, Sa 10–22, Fr 10–17 Uhr, www.hatachana.co.il).

BEIT GIDI ETZEL MUSEUM

23 a5

Vis-à-vis von Ha Tachana, direkt am Strand, liegt das Museum der Irgun Zvai Leumi (abgekürzt IZL oder Etzel), das sich als Gedenkstätte für jene 41 Kämpfer dieser jüdischen Untergrundorganisation in Palästina (1931–48) versteht, die bei der militärischen Eroberung Jaffas 1948 den Tod fanden. Der Kampf um Jaffa wird hier aus zionistischer Sicht durch historische Fotos und andere Exponate dokumentiert (Herbert Samuel Promenade, Tel. 03-517 20 44, So–Do 8.30–16 Uhr, 20 NIS).

Im Alten Hafen von Jaffa dümpeln heute nur noch Fischerboote

JAFFA

Im Unterschied zum modernen, europäisch geprägten Tel Aviv ist in Jaffa, dem heutigen Stadtteil Yafo, noch viel vom Flair einer alten orientalischen Stadt zu spüren. 1985 wurde die **Altstadt** ★ umfassend restauriert. In den engen Gassen, in denen sich viele Künstler niedergelassen haben, drängen sich heute Galerien, Kunsthandwerksläden, Restaurants, Bars und Cafés.

CLOCKTOWER 24 a6 & MAHMOUDIYA-MOSCHEE 25 a6

Unverkennbares Wahrzeichen des Stadtteils Jaffa ist der Clocktower, ein Uhrturm, der 1906 anlässlich des 25-jährigen Thronjubiläums von Sultan Hamed II. erbaut wurde. Er war zugleich Symbol für ein wichtiges Prinzip der Moderne: die Pünktlichkeit. Denn nach den Uhren dieses Turms richtete sich damals in Tel Aviv das Arbeitsleben.

Südwestlich des Uhrturms steht die Große oder **Mahmoudiya-Moschee**, bei deren Bau Säulen aus Ashkelon und Caesarea verwendet wurden. Sie ist nach Mahmoud Abu Nabut benannt, der von 1807 bis 1818 Jaffa regierte und der Stadt zu wirtschaftlicher Blüte verhalf.

KEDUMIM SQUARE 26 a6

Sich rechts haltend und der Mifraz Shlomo Street folgend erreicht man auf einer Anhöhe den zentralen Kedumim Square. Unter dem Platz befinden sich heute freigelegte Siedlungsschichten, die bis in die Zeit des ägyptischen Pharaos Ramses II. (1600 v. Chr.) zurückreichen. Das Besucherzentrum › S. 63, auf historischen Mauern erbaut, bietet nach Voranmeldung geführte Rundgänge durch Jaffa.

Lässt man sich am Kedumim Square z. B. auf der Terrasse des Restaurants Aladin › S. 64 nieder, sieht man weit draußen im Meer den die Hafeneinfahrt versperrenden **Andromeda-Felsen** 27 a6. Hier soll der griechischen Mythologie zufolge Perseus die an den Felsen gekettete Andromeda vor dem Seeungeheuer gerettet haben. An der nördlichen Seite des Platzes ragt die **St. Peterskirche** 28 a6 auf. Die Franziskanerkirche wurde von 1888 bis 1894 auf den Fundamenten der Kreuzfahrerburg erbaut. Im 17. Jh. standen an dieser Stelle ein Kloster und eine Pilgerherberge, in der auch Napoleon nach der vergeblichen Belagerung von Akko logierte.

HAPISGA PARK 29 a6

Östlich des Kedumim Square erstreckt sich der Hapisga Park, von dessen Hügel man den besten Blick hinüber auf die Skyline von Tel Aviv hat. Im hinteren Teil des Parks belegen jederzeit frei zugängliche archäologische Grabungen das hohe Alter Jaffas. Am Fuß des Hügels, in den engen Gassen der liebevoll restaurierten Altstadt, reihen sich zwischen schmucken Wohnhäusern Galerien, Schmuckgeschäfte und Restaurants aneinander.

ALTER HAFEN 30 a6

Vom Hapisga Park lohnt der Weg hinunter zum Hafen mit seinen auf dem Wasser schaukelnden Booten und guten Fischrestaurants in den alten Lagerhallen. Seine lange Tradition als Hafen Jerusalems oder später während der britischen Mandatszeit als Exporthafen der »Shamutti«-Orangen (Jaffa-Orangen) kann man heute nur noch erahnen. Seit 1965 legen nur noch kleine Privatjachten und Fischerboote an. Aber an Atmosphäre hat der Hafen nichts eingebüßt.

INFOS

Tourist Information Center

- 46 Herbert Samuel St.
  Tel. 03-516 63 17 | www.visit-tel-aviv.com
  April–Okt. So–Do 9.30–18.30,
  Fr 9–14, Nov. bis März So–Do 9.30–17.30,
  Fr 9–13 Uhr

Old Jaffa Visitor's Center

- 2 Marzuk/Ecke Azar St. (Clocktower)
  Tel. 03-603 77 00, 03-603 76 86
  www.oldjaffa.co.il
  April–Okt. Sa–Do 9.30–18.30,
  Fr 9.30–16, Nov.–März Sa–Do 9.30–17.30,
  Fr 9.30–14 Uhr

STADTRUNDGÄNGE

- Das Tourist Information Center bietet ganzjährig ohne Voranmeldung kostenlose Stadtführungen zu Fuß (Dauer ca. 2 Std.) an: Bauhaus – The White City › S. 57; Sarona Fr 11 Uhr, Treffpunkt Sarona Visitors Center; Neve Tzedek Do 10 Uhr, Treffpunkt 11 Rothschild Blvd.; Carmel Market Tasting Tour Di 10 Uhr, Treffpunkt 58 Allenby Rd.
- Dan City Tour bietet zweistündige **Hop-On-Hop-Off-Stadtrundfahrten** im offenen roten Bus. Sie beginnen am Tel Aviv Port. Nähere Auskünfte und Tickets beim Tourist Information Center › **oben** und unter www.dan.co.il, Tagesticket 65 NIS.

VERKEHRSMITTEL

- **Bus:** Die meisten Linien starten an der New Central Bus Station (Levinski St.) und werden von Dan betrieben (Tel. 03-639 44 44, www.dan.co.il). Städtische Buslinien: 4th und 7th Floor, Bus 405 nach Jerusalem 6th Floor.
- **Bahn:** Vom Bahnhof Tel Aviv Center Savidor (10 Al Parahat St., www.rail.co.il) verkehren Züge entlang der Küste nach Nahariya und ins Landesinnere nach Jerusalem und Beersheva.

HOTELS

Tel Aviv Hotel Association

- Tel. 03-517 01 31 | telaviv@iha.org.il
  www.visit-tel-aviv.com

Dan Tel Aviv €€€

Traditionsreichstes und renommiertestes Hotel der Stadt, direkt am Strand, mit Spitzenrestaurant HaYarkon 99 > **rechts**, Meerwasserpools und Wellnessbereich.

- 99 HaYarkon St. | Tel Aviv-Yafo
  Tel. 03-520 25 25
  www.danhotels.com

Montefiore €€€

Boutiquehotel im Bauhaus-Viertel; die 12 Zimmer sind mit Werken lokaler Künstler dekoriert. Stilvoll in Schwarz-Weiß gestylter kleiner Speisesaal, coole Bar.

- 36 Montefiore St. | Tel Aviv
  Tel. 03-564 61 00
  www.hotelmontefiore.co.il

Cinema Hotel €€

Ehemaliges Kino (Esther Cinema) im Bauhausstil am Dizengoff Square, schöne Dachterrasse, Bar, Leihräder.

- 1 Zamenhoff St. | Tel Aviv-Yafo
  Tel. 03-520 71 00
  www.atlas.co.il

The Rothschild Hotel €€

Wunderschönes Boutiquehotel in einem Gebäude von 1925. Beim Frühstück hat man den Rothschild Boulevard im Blick. Cocktail und Häppchen zum Aperitif sind im Zimmerpreis inbegriffen.

- 96 Rothschild Blvd. | Tel Aviv-Yafo
  Tel. 03-957 88 88
  www.the-rothschild-hotel.com

Abraham Hostel €

Preisgünstige Unterkunft in der Innenstadt, neben Mehrbett- auch Doppelzimmer und Suiten. Ca. 25 Gehminuten. zum Strand, internationales, junges Publikum.

- 21 Levontine St. | Tel Aviv
  Tel. 03-624 9200
  www.abrahamhostels.com

Tel Aviv Bnei Dan Guest House €

Traditionsreiches Haus am Ufer des Yarkon, insgesamt 305 Betten, 45 klimatisierte Familienzimmer.

- 36 Bnei Dan St. | Tel Aviv
  Tel. 03-594 56 55
  www.iyha.org.il

RESTAURANTS

HaYarkon 99 €€€

Fine-Dining-Restaurant für maximal 40 Gäste, schick, aber dennoch anheimelnd und intim. Hier speist die internationale Prominenz. So–Do 18.30–22.30 Uhr.

- Im Dan Tel Aviv | Tel. 03-520 24 10

Aladin €€

Klein, aber fein, orientalische Küche, viel Fisch. Von der Dachterrasse blickt man auf den Andromeda-Felsen und hinüber zu den Strandhotels von Tel Aviv. Tgl. 11–23 Uhr.

- 5 Mifratz Shlomo St. | Tel Aviv-Yafo
  Tel. 03-682 67 66
  www.restaurantaladin-israel.com

Zu Tel Avivs Bauhauserbe gehört auch das Cinema Hotel, ehemals das Esther-Kino

Café Dizengoff €€
Ein Treffpunkt der Einheimischen, die Terrasse ist ideal zum Leute-Beobachten. Gutes Frühstück, frische Salate, ordentliche Cocktails. Tgl. 8–24.30 Uhr.
- 190 Dizengoff St. | Tel Aviv
  Tel. 03-629 24 08
  www.cafe-dizengoff.com

Da Da & Da €€
Wunderbar für eine kleine Stärkung bei Besichtigungstouren rund um den Rothschild Boulevard. Gutes Frühstück, leckere Sandwiches und Salate. Tgl. 7–23 Uhr.
- 7 Rothschild Blvd. | Tel Aviv-Yafo
  Tel. 03-551-12 11

Vicky Cristina €€
Großer Patio unter dem ältesten Ficus-Baum der Stadt. Tapas im Vicky, Weine gegenüber bei Cristina. Tgl. 12–2 Uhr.
- Ha Tachana | Neve Tzedek
  Tel Aviv-Yafo
  Tel. 03-736 72 72
  www.hatachana.co.il/vicky-cristina

Zepra €€
Asiatische Küche und sehr gutes Sushi, ansprechend angerichtet. Tgl. 12–23 Uhr.
- 96 Yigal Allon St. | Tel Aviv-Yafo
  Tel. 03-624 00 44
  www.zeprarest.co.il

SHOPPING

Tel Aviv bietet die für alle großen Städte typischen Einkaufsmöglichkeiten von noblen Einkaufsstraßen bis zu großen Shoppingzentren > **S. 53, 55,** darüber hinaus besitzt es schöne Märkte > **S. 56.** Der **Flea Market** im Stadtteil Jaffa liegt rechter Hand der Yefet Street. Das Angebot der vielen kleinen (professionellen) Händler ist kurios und garantiert nicht langweilig. Im Sommer ist der Flea Market bis Mitternacht offen, und die angrenzenden Cafés schließen erst im Morgengrauen.

NIGHTLIFE

Hotspots des Nachtlebens sind die **Sheinkin Street** und der **Tel Aviv Port.** Adressen > **Seitenblick S. 66.**

TEL AVIV BY NIGHT

Tel Avivs Ausgehszene hat wegen ihrer Vielfalt und Bandbreite magnetische Anziehungskraft für Lebenslustige aus ganz Israel. Kenner behaupten, die Klubszene könne sich durchaus mit London oder New York messen. Seit mehreren Jahren führt Tel Aviv bei feierfreudigen Party People deshalb die Liste der Städtekurztrips an und lockt besonders solche Touristen, für die der Abend nicht mit dem Abendessen endet. Hotspots des Nachtlebens sind der **Tel Aviv Port** › S. 59, die **Sheinkin Street** › S. 55 und der Stadtteil **Jaffa** › S. 62. Hier öffnen Pubs und Bars am frühen Nachmittag und schließen nicht vor dem Morgengrauen. Im Sommer ergänzt der Strand das abendliche Unterhaltungsangebot durch improvisierte Beach Partys.

ZUM RICHTIGEN ZEITPUNKT ...

Jeder Tag ist in Tel Aviv Ausgehtag, aber die besten Tage sind Donnerstag bis Samstag. Das Partyleben beginnt in den Klubs nicht vor 24 Uhr, kommt aber oft erst ab 2 Uhr richtig auf Touren. Auch der Freitagabend (Sabbat) bildet hier keine Ausnahme, was Tel Aviv von allen anderen Städten Israels unterscheidet. Der Dresscode ist unkompliziert, immer mehr Klubs verlangen allerdings Eintritt (50–150 NIS). Dafür belasten die Getränke das Budget nicht allzu sehr, denn in den meisten Bars wird bevorzugt einheimisches Bier getrunken. Besonders beliebt sind die konkurrierenden Marken »Goldstar« und »Maccabee«, die schon seit gut 50 Jahren von derselben Firma gebraut werden.

In der Nacht erwacht Tel Aviv erst so richtig zum Leben

... AM RICHTIGEN ORT

In Tel Aviv gibt es über 100 Lokale und Klubs, besonders dicht ist die Konzentration in der Sheinkin und der Lilenblum Street. Den Stadtmagazinen und Tageszeitungen kann man entnehmen, welche Gruppe am Abend wo spielt oder welche Musik in welchem Klub von welchem DJ aufgelegt wird. Die Fluktuation ist groß, momentan sind die folgenden Adressen zu empfehlen:

- **Abraxas** b5
  Bar mit vielen Nischen und Zwischenwänden, sodass privates Unterhalten auf den niedrigen Sofas trotz DJ-Musik und vieler Gäste möglich ist. Gutes Essen, tolle Stimmung.
  40 Lilenblum St. | Tel Aviv-Yafo
  Tel. 03-516 66 60
- **Container** b4
  Tagsüber nette Hafenkneipe mit Blick auf Jachten und Fischerboote von der Terrasse, abends Szenetreff mit Livemusik bis in die Nacht
  Jaffa Port | Warehouse 2
  Tel Aviv | Tel. 03-683 63 21
  www.container.org.il
- **Ha'oman 17** b6
  Bekanntester Klub Tel Avivs, zugleich einer der 100 angesagtesten weltweit. Mehrere Floors mit verschiedenen Musikstilen, internationale DJs.
  88 Abarbanel St. | Tel Aviv-Yafo
  Tel. 03-518 91 31
  www.facebook.com/haoman17telaviv
- **Lala Bar** b5
  Eher ruhiger Club am Gordon Beach, tagsüber Strandbar und Restaurant, daher gutes Essen. Besonders beliebt für den Sundowner.
- Gordon Beach | Tel Aviv
  Tel. 03-529 33 03
- **Shablul Jazz Club** b2
  Bester Jazzklub in Tel Aviv, Newcomer und bekannte Interpreten aus Israel und der ganzen Welt, nicht nur junges Publikum, intimes Ambiente. Bei Redaktionsschluss zog der Klub gerade um, aktuelle Infos siehe Webseite.
  Tel Aviv | Tel. 03-546 1891
  www.shabluljazz.com
- **Shalvata** b2
  Strandbar mit DJ-Musik, beliebter Treff mit relaxter Atmosphäre, immer voll und turbulent. »Shalvata« bedeutet »Ruhe«, aber die findet man dort nur, wenn man sich in die Liegestühle am Strand zurückzieht.
  Hangar 28 (Tel Aviv Port) | Tel Aviv
  Tel. 054-812 22 23
- **Shpagat** a5
  Angesagtes Gay-Lokal, tagsüber Café und Bar, abends Dance Club, es wird hauptsächlich Electro gespielt. Am Wochenende viel Betrieb.
  43 Nahalat Binyamin St. | Tel Aviv
  Tel. 03-560 17 58
  www.facebook.com/shpagatlv

TEL AVIV GAY

Als Party- und Nightlife-Stadt für Homosexuelle wird Tel Aviv in der Szene gern mit San Francisco verglichen. Diesen Ruf verdankt es der Toleranz seiner Bevölkerung und dem großen Angebot an Klubs. Über aktuelle Hotspots informieren die Webseiten www.gaytelavivguide.com und www.touristisrael.com/gay-tel-aviv-for-beginners. Der spezialisierte Reiseveranstalter Pride Tours bietet eine Führung durch Tel Aviv einschließlich Jaffa an. Infos und Buchung unter Tel. 03-549 69 45, 054-432 11 69, www.pridetours.com.

MITTELMEER-KÜSTE

In den letzten Jahren zogen viele arabische Israelis aus den Dörfern Galiläas nach Akko

Israels Mittelmeerküste säumen attraktive Badeorte und geschichtsträchtige Hafenstädte, in denen wechselnde Eroberer ihre Spuren hinterließen, wie z. B. in Caesarea, Haifa und Akko. Den Schlusspunkt im Norden bilden die Höhlen von Rosh Hanikra.

An Israels Mittelmeerküste lässt sich ein Badeurlaub mit Ausflügen in die römische Geschichte und in die Ära der Kreuzfahrer verbinden. Herrliche goldgelbe Strände ließen große Badeorte wie Netanya und Nahariya entstehen, deren touristische Infrastruktur keine Wünsche offen lässt. Kleiner, aber in puncto Strandqualität mindestens ebenso attraktiv sind Herzliya und Nahsholim.

Entlang der Mittelmeerküste liegen aber vor allem Orte mit großer Vergangenheit, wie das antike Caesarea, die schöne, sich an die Hänge des Karmel schmiegende Hafenstadt Haifa und die Kreuzfahrerstadt Akko. An der Bucht von Haifa schiebt sich das Karmelgebirge wie ein Keil in die Ebene vor. Seine Hänge sind seit biblischen Zeiten ein Weinanbaugebiet, weshalb sich ein Besuch in der Weinstadt Zikhron Yaakov empfiehlt. Beliebte Ausflugsziele sind hier auch der Karmel-Nationalpark mit Wanderwegen durch Pinienwälder und die Drusendörfer Isfiya und Daliyat el-Karmel mit ihren interessanten Menschen und Märkten.

TOUR IN DER REGION

TOUR 4

NACH ROSH HANIKRA

ROUTE: Tel Aviv > Herzliya > Netanya > Caesarea > Nahsholim > Haifa > Akko > Shave Zion > Nahariya > Rosh Hanikra

KARTE: Seite 71
DAUER/LÄNGE: je nach Besichtigungsinteresse bis zu 4 Tage; 130 km

PRAKTISCHE HINWEISE:

- Die parallel zur Küste verlaufende N 2 ist autobahnähnlich ausgebaut. Parallel zu ihr führt wenige Kilometer landeinwärts die N 4 von Petah Tikva nach Haifa und weiter zur libanesischen Grenze bei Rosh Hanikra. In Teilstücken (ca. 200 km) fertiggestellt, erweitert noch tiefer im Landesinneren die mautpflichtige N 6 das Straßennetz in der Küstenebene. Daher ist der Pkw das geeignetste Transportmittel für diese Tour.

Karte S. 71

- Doch auch das öffentliche Bus- und Bahnnetz ist in der Küstenebene sehr gut ausgebaut.
- Eine Alternative zu täglich wechselnden Übernachtungen in Hotels wäre die Einquartierung in einem Kibbuz-Gästehaus am Strand auf halber Strecke, um von dort die Orte entlang der Route in Tagesausflügen zu besuchen.

TOUR-START:

Den Yarkon überquerend und Tel Aviv in Richtung Norden verlassend fährt man zunächst an **Herzliya** 2 › S. 72 und **Netanya** 3 › S. 72 vorbei, zwei beliebten Badeorten mit schönen Stränden. Auf halber Strecke nach Haifa, 60 km nördlich von Tel Aviv, erreicht man **Caesarea** 4 › S. 74 mit seinen bedeutenden römischen Ausgrabungen. Wer die Ruinenstätte in aller Muße erkunden will, sollte hier eine Übernachtung einplanen.

Hinter Caesarea schieben sich nun rechter Hand die Ausläufer des **Karmel** › S. 75 ins Blickfeld. Der Gebirgszug erstreckt sich ca. 30 km in nördlicher Richtung bis nach Haifa und ist heute bekannt als ein Gebiet des Weinanbaus. In **Zikhron Yaakov** 5 › S. 76 bietet die renommierte Carmel Winery Kellereiführungen mit Verkostung an.

Die nächste Touretappe ist **Nahsholim** 6 › S. 77, ein Kibbuz am Rand der antiken, in der Bibel erwähnten Stadt Dor. Auch hier lädt ein schöner Strand zum Schwimmen und Sonnenbaden ein.

An den Hängen des Karmel liegt **Haifa** 7 › S. 77, eine der grünsten und schönsten Städte des Landes. Hier sind die hängenden Gärten mit dem **Bahai-Schrein** Pflichtprogramm; nach dem Bummel durch die German Colony bieten sich am Ben Gurion Boulevard diverse Restaurants zur Einkehr an. Wer in Haifa Quartier nimmt, kann einen Halbtagesausflug in den **Karmel-Nationalpark** › S. 83 mit Wanderwegen durch Pinienwälder oder zu den Drusendörfern **Isfiya** und **Daliyat el-Karmel** › S. 83 unternehmen.

Den nächsten Höhepunkt der Tour bildet die Kreuzfahrerstadt **Akko** 8 › S. 83 am Nordende der Bucht von Haifa. Ihre orientalisches Flair verbreitende **Altstadt** mit Karawansereien, Souk, türkischem Bad und der El-Jezzar-Moschee steht seit 2001 auf der Liste des UNESCO-Weltkulturerbes. Die eindrucksvolle Altstadt von Akko kann man nur zu Fuß erkunden. Auf der Weiterfahrt Richtung libanesische Grenze bietet sich in **Shave Zion** 9 › S. 86 und **Nahariya** 11 › S. 86 wiederum Gelegenheit für eine Badepause. Einen gepflegten Sandstrand besitzt auch der **Akhziv-Nationalpark** › S. 87. Ein Abstecher führt nach **Nes Ammim** 10 › S. 86, einem Ort, der mit der Vision der Aussöhnung zwischen den Religionen gegründet wurde und ein sehr schönes Gästehaus besitzt. Letzte Touretappe ist **Rosh Hanikra** 12 › S. 87 mit seinen Grotten und Kreidefelsen. Von hier gelangt man, wenn man ohne Pause durchfährt, in etwa 3 Std. nach Tel Aviv zurück.

TOUR ENTLANG DER KÜSTE

TOUR 4

NACH ROSH HANIKRA

Tel Aviv > Herzliya > Netanya > Caesarea > Nahsholim > Haifa > Akko > Shave Zion > Nahariya > Rosh Hanikra

UNTERWEGS IN DER REGION

SHARON-EBENE 1 B2/3

Hat man den Fluss Yarkon im Norden Tel Avivs überquert, befindet man sich in der nördlichen Sharon-Ebene. Sie erstreckt sich zwischen Tel Aviv und dem Karmelgebirge auf einer Länge von ca. 50 km. 1871 gründeten deutsche Templer aus Württemberg eine Siedlung nördlich von Jaffa (heute Stadtteil von Tel Aviv) mit Namen »Sarona«, von der der Name später abgeleitet wurde. Heute ist die fruchtbare Sharon-Ebene das am dichtesten besiedelte Gebiet Israels mit der besten Infrastruktur und zugleich die Kornkammer des Landes.

HERZLIYA 2 B3

Da die Sharon-Ebene reiche Ernten versprach, gründeten hier 1924 aus den USA eingewanderte Juden mit finanzieller Unterstützung durch die Jewish Agency nördlich von Tel Aviv ein Dorf und benannten es nach Theodor Herzl, dem Begründer des Zionismus. Herzliya entwickelte sich schnell zum Zentrum des Orangen- und Zitronenanbaus. Heute hat es ca. 95 000 Einwohner und ist nicht nur als Wohngegend für besser verdienende Telavivniks, sondern auch als Badeort beliebt. Am langen, flach abfallenden Sandstrand tummeln sich die Gäste jener Hotels, die in respektvollem Abstand zueinander direkt oberhalb des Strandes stehen.

HOTEL

Dan Accadia Herzliya €€€

Angenehmes, renoviertes Hotel an einem der schönsten Abschnitte des Strandes, Zimmer mit Meerblick, großer Pool.

- Herzliya Beach | Herzliya
  Tel. 09-959 70 70 | www.danhotels.com

RESTAURANTS

SegevArt €€€

Hier werden die Speisen mit dekorierten Tellern als Kunstwerke inszeniert. Gute Mittagskarte. Mo–Sa 13–23, So 19–23 Uhr.

- 16 Arieh Shankar St. | Herzliya
  Tel. 077-414 20 25 | www.segevchef.com

Sebastian €€

Französisch angehauchte Bistroküche, schneller, freundlicher Service, am Wochenende Brunch. So–Do 12–24, Fr, Sa 11–24 Uhr.

- 33 Maskit St. | Herzliya
  Tel. 09-951 39 39 | www.sebastian.co.il

NETANYA 3 B3

Die 1929 gegründete und nach Nathan Strauss, dem deutsch-amerikanischen Zionisten und Wohltäter benannte Stadt ist ein Zentrum der Landwirtschaft und der Diamantenindustrie. Während des Zweiten Weltkriegs emigrierten aus den von den Deutschen besetzten Niederlanden jüdische Familien nach Netanya, die die Kunst der Diamantenverarbeitung mitbrachten. Ähnlich wie Tel Aviv ist Netanya sehr liberal und weltoffen, besonders junge Israelis stürzen sich hier gern ins Nachtleben.

Netanya ist das größte israelische Seebad am Mittelmeer mit über 50 Hotels aller Kategorien. Das Sport- und Unterhaltungsangebot lässt keine Wünsche offen. Zentrum der abendlichen Aktivitäten sind der **Haatzmaut Square** und der **Herzl Boulevard** mit zahlreichen Straßencafés und Restaurants. Das große Amphitheater der Stadt bildet im Sommer die Kulisse für Konzerte und Freilichtaufführungen. Der Strand erstreckt sich unter einer 30 m hohen Klippe, auf der eine reizvolle Promenade verläuft. Besonders abends ist sie beliebt bei Einheimischen und Besuchern.

INFOS

Tourist Information

- Haatzmaut Square | Netanya
  Tel. 09-882 72 86
  www.gonetanya.com
  So–Do 8–16, Fr 8–12 Uhr

HOTELS

Ramada Netanya Hotel and Suites €€€
Neueres Luxushotel am Strand. Geräumige Suiten mit Schlafzimmer, Wohnzimmer, Pantry-Küche und Balkon mit Meerblick. Spa, ausnehmend schöner Poolbereich.

- 41 Ben Ami St. | Netanya
  Tel. 09-886 77 77
  www.ramadanetanya.com

Margoa Hotel €€
Sechsstöckiger Hotelbau, vom Strand durch eine ruhige Straße getrennt. Vernünftiges Preis-Leistungs-Verhältnis, kostenloses WLAN.

- 9 Gad Machnes St. | Netanya
  Tel. 09-862 44 34
  www.hotelmargoa.co.il

MITTELMEERSTRÄNDE

- **Tel Aviv-Yafo > S. 51:** Promenade und Strand bilden eine Einheit; vom alten Jaffa bis hinauf zum Tel Aviv Port erstrecken sich 10 km flacher Sandstrand mit bester Infrastruktur.
- **Herzliya > S. 72:** Die schönsten Abschnitte des 12 km langen weißen Sandstrands mit seiner Promenade entlang den großen Hotelanlagen der Stadt sind Arcadia South und Sirot Beach.
- **Netanya > S. 72:** Unterhalb erhöhter Klippen erstrecken sich 13 km weißer Sandstrand; besonders beliebt für sportliche Aktivitäten ist der Central Beach.
- **Caesarea > S. 74:** Der Strandabschnitt beim römischen Aquädukt ist traumhaft schön und an Wochentagen nicht überlaufen. Wer trubeliges Beachlife bevorzugt, badet am Kshatot Beach.
- **Nahsholim > S. 77:** Der schöne, 5 km lange Sandstrand des heutigen Kibbuz Nahsholim liegt an historischem Ort: In der Antike gehörte er zur Stadt Dor.
- **Haifa > S. 79:** Alle Bademöglichkeiten zusammengenommen ist der Strand von Haifa 17 km lang, aber besonders schön sind die 5 km von Bat Galim.
- **Akhziv Beach > S. 87:** Der abgelegene, weitgehend naturbelassene Sandstrand grenzt an ein zum Nationalpark erklärtes Gebiet mit natürlichen Lagunen an.

In der Antike war die heutige Ruinenstätte Caesarea ein bedeutender Hafen

RESTAURANTS

El Gaucho €€

Argentinisches Steakhaus. So–Do 12–24.30, Fr 12–17, Sa 19–24 Uhr.

- 2 Oved Ben Ami St. | Netanya
  Tel. 1800-42 20 00 | www.elgaucho.co.il

Marrakesh €€

Ausgezeichnete marrokanische Küche, viele vegetarische Gerichte. So–Do 12–24, Fr 12–15.30, Sa 18.30–24 Uhr.

- 5 King David St. | Netanya
  Tel. 09-833 47 97

CAESAREA 4 2 B2

Die Ausgrabungsstätte ist eine der wichtigsten Sehenswürdigkeiten Israels. An der Stelle einer phönizischen Siedlung ließ Herodes ab 30 v. Chr. eine große Stadt anlegen, die er zu Ehren von Kaiser Augustus Caesarea nannte. Er stattete sie mit Prachtstraßen, Palästen und Monumentalbauten wie dem Hippodrom aus, in dem 20 000 Zuschauer den Pferde- und Wagenrennen auf der 230 m langen Bahn beiwohnen konnten. Das Forum schmückten überlebensgroße Marmorstatuen, und das Theater mit Plätzen für 10 000 Besucher rühmte sich der besten Akustik des Landes. Mangels eines natürlichen Ankerplatzes ließ Herodes einen Hafen anlegen, der sich zum wichtigsten an der Küste Palästinas entwickelte. Er verfügte über Lagerhäuser, einen Leuchtturm und einen 400 m langen Wellenbrecher. > mehr S. 12 Punkt 1 Von der Pracht des antiken Caesarea zeugen noch heute eindrucksvolle Ruinen. Im restaurierten **römischen Theater** finden im Sommer spektakuläre Freiluftaufführungen statt, bei denen das Meer hinter der 100 m breiten Bühne die Kulisse bildet. Hervorragend erhalten ist auch der 700 m weiter nördlich gelegene römische **Aquädukt,** der das Trinkwasser aus dem nahen Karmelgebirge in die Stadt leitete.

Im Jahr 1101 eroberten die Kreuzfahrer die Stadt. Sie machten den versandeten Hafen wieder schiffbar und errichteten die **St.-Pauls-Kathedrale.** 1254 ließ der französische König Ludwig IX. Caesarea neu befestigen. Nach der Eroberung durch den Mameluckensultan Baibars I. 1265 verfiel die Stadt. Im 18. Jh. dienten viele ihrer antiken Bauwerke Ahmed El-Jezzar als Steinbruch für seine Bautätigkeit in **Akko** › S. 84. Bis zur Gründung des Staates Israel blieb Caesarea ein unbedeutendes palästinensisches Dorf.

Die Ruinen der Kreuzfahrerkirche, das römische Theater und der antike Hafen bilden heute das Zentrum des **Nationalparks Caesarea.** Das Hippodrom und das Aquädukt liegen etwas außerhalb des Areals. Direkt am alten Hafen gibt es ein Informationscenter, das Führungen anbietet (Nationalpark April und Sept./Okt. Sa–Do 8–17, Fr 8–16, Mai–Aug. Sa–Do 8–18, Fr 8–16, Nov.–März Sa–Do 8–16, Fr 8 bis 15 Uhr, 39 NIS, Aquädukt frei zugänglich, www.caesarea.com).

HOTEL

Casa Cala €€

Die Innenarchitektin Anne Kleinberg hat ihr Haus mit fantastischem Blick über den Golfplatz von Caesarea für Gäste und besonders für Hochzeitsfeiern geöffnet.

- 3 Tal St. | Caesarea
  Tel. 04-610 02 28 | www.casacala.com

BERG KARMEL

Hinter Caesarea schieben sich rechter Hand die Ausläufer des Karmel ins Blickfeld. Der Gebirgszug, dessen höchste Erhebung 546 m erreicht, erstreckt sich über eine Breite von 8 bis 10 km und eine Länge von knapp 30 km von der Yezreel-Ebene (Emeq Jesreel) im Südosten zur Bucht von Haifa im Nordwesten, wo er steil zum Meer hin abfällt.

Der Name »Karmel« (hebräisch: *kerem el*) bedeutet »Weinberg Gottes«. Tatsächlich wurde an den fruchtbaren Hängen des Gebirgszugs schon früh Wein angebaut. Mindestens seit kanaanäischer Zeit hatte der Berg als Zentrum der Baalsverehrung auch kultische Bedeutung. Nachdem die Kreuzfahrer Haifa im Jahr 1178 endgültig verloren hatten, zogen sich viele christliche Eremiten in die Höhlen des Karmel zurück. Der Straßburger Dominikaner Brochard gründete mit ihnen den Karmeliterorden. Er orientierte sich am Vorbild des Propheten Elias, der 2000 Jahre zuvor am gleichen Ort gewirkt haben soll. Nach dem Sieg der Mamelucken über die Kreuzfahrer verließen alle Mönche den Karmel. Erst im Jahr 1823 kehrten sie dank des ihnen wohlgesonnenen Vizekönigs von Ägypten wieder an »ihren« Berg zurück.

Karte S. 71

RESTAURANTS

Helena €€
Mediterrane Küche mit Blick auf römische Ruinen. Tgl. 12–24 Uhr.
• Am alten Hafen | Caesarea
Tel. 04-610 10 18 | www.hellena.co.il

Port Café €
Salate, Pasta, Sandwiches. Sehr schöne Aussicht. Tgl. 8–24 Uhr.
• Am alten Hafen | Caesarea
Tel. 077-997 97 94 | www.portcafe.co.il

ZIKHRON YAAKOV 5 B2

Weiter nach Norden geht es nun nicht mehr auf der Autobahn, sondern auf der parallel verlaufenden N 4. Hier schmiegt sich Zikhron Yaakov an die Hänge des Karmel, einer der bedeutendsten Weinorte Israels. Baron Rothschild, Begründer der Carmel Winery, gab der Stadt ihren Namen in Erinnerung an seinen Vater, Jakob Rothschild. Das ganze Jahr über werden in den Weinkellern Führungen mit Weinproben angeboten. Am besten stellt man das Auto am Busbahnhof in der Hameyasdin Street ab und geht zu Fuß durch das Zentrum des alten Stadtkerns mit seinen liebevoll renovierten Backsteinhäusern und der alten Synagoge von 1885.

Am südlichen Stadtrand steht an der Straße nach Binyamina **Ramat Hanadiv,** das von einer gepflegten Gartenanlage umgebene Mausoleum der Rothschilds. Baron Edmond Rothschild und seine Frau Ada hatten sich während der britischen Mandatszeit um die Besiedlung des Karmel sehr verdient gemacht, deshalb wurden sie hier beigesetzt. Von der Anlage bietet sich ein fantastischer Panoramablick über die Sharon-Ebene. Südlich erstreckt sich ein Naturpark,

Zwischen HaBonim und Nahsholim ist die Mittelmeerküste zerklüftet und buchtenreich

den man auf markierten Rundwanderwegen erkunden kann (Sa–Do 8–16, Fr 8–14 Uhr, letzter Einlass 1 Std. vor Schließung, Mausoleum an Sabbat geschl., Eintritt frei, www.ramat-hanadiv.org.il).

WEINGUT

Carmel Winery

Die von Baron Rothschild 1882 gegründete Weinkellerei gehört zu den größten und ältesten des Landes. Im Carmel Wine & Culture Center (mit Restaurant) kann man eine Führung mit Verkostung vereinbaren (So–Do 9.30–17, Fr 9–14 Uhr, 30 NIS).

- 2 Winery St. | Zikhron Yaakov
  Tel. 04-639 17 88 | www.carmelwines.co.il

NAHSHOLIM 6 B2

Von der N 4 wechselt man am Fureidis-Interchange wieder auf die N 2, an der 3 km nördlich von Zikhron Yaakov die Zufahrt zum Kibbuz Nahsholim ausgeschildert ist.

Nahsholim wurde direkt neben der antiken Stadt Dor errichtet. Das in der Bibel erwähnte Dor war der nördlichste Stützpunkt der von Süden vordringenden Philister. Unter den Assyrern wurde es 723 v. Chr. neben Megiddo und Samaria selbstständige Provinz. Sowohl Griechen als auch Römer bauten die Stadt aus. Heute noch zu sehen sind die Mauern der Hafenanlage, eines Theaters und einer byzantinischen Kirche. Die von den Rothschilds gegründete Glasfabrik des Kibbuz, in der seit 1894 die Flaschen für den Wein des Karmel hergestellt wurden, beherbergt ein Museum mit Ausgrabungsfunden. Zum Kibbuz Nahsholim gehören ein sehr schöner Strand und ein Feriendorf mit Restaurant.

UNTERKUNFT

Nahsholim Seaside Resort €€

Einfache Anlage, sämtliche Zimmer mit TV, Aircondition und Küchenzeile, mitten im Grünen gelegen. Gut geeignet als Standort für Tagesausflüge.

- Direkt am Strand | Nahsholim
  Tel. 04-639 95 33 | www.nahsholim.co.il

HAIFA 7 B2

Eine halbe Autostunde nördlich von Caesarea schmiegt sich Haifa an die Hänge des Karmel. Die Stadt ist mit rund 275 000 Einwohnern die drittgrößte Israels und zugleich der wichtigste Hafen des Landes. Auf ihre begünstigte Lage weist schon ihr aus dem Hebräischen abgeleiteter Name (*hof yafe* = »schöne Küste«) hin. Der natürliche Hafen zog im Lauf der Jahrhunderte viele Eroberer an – Araber, Kreuzritter und Mamelucken. 1850 setzte hier die erste jüdische Einwanderung ein, 1869 gründeten christliche Templer aus Württemberg ihre erste Kolonie. Seit Beginn des 20 Jhs. war Haifa der bedeutendste Hafen jüdischer Einwanderung: Zuerst kamen jüdische Zionisten › S. 36. In den 1930er-Jahren liefen fast alle Einwanderungs- und nach der Machtergreifung der Nazis bald auch Flüchtlingsschiffe Haifa an. Es kam zu Auseinandersetzungen mit der arabischen Bevölkerung, in deren Folge die britische Mandatsmacht die Einwanderung strengen Kontrollen unterwarf. Unterstützt von der Jewish Agency und der Haganah, der jüdischen Untergrundarmee der Einwanderer mit Hauptquartier in Haifa, gelang es aber vielen Einwandererschiffen, die britische Blockade zu durchbrechen. Haifa entwickelte sich zum wichtigen Stützpunkt illegaler Immigration. Nach der Staatsgründung 1948 verließen mehr als 50000 Palästinenser die Stadt.

Trotz dieser – damals teilweise erzwungenen – Abwanderung leben heute in Haifa weiterhin viele Araber (inzwischen mit israelischem Pass), meist in homogenen Vierteln wie Wadi Nisnas oder Kababir. Neben Juden und Muslimen leben in Haifa auch Christen und Bahai › S. 80, deren Schrein zum Wahrzeichen Haifas avancierte. Vielleicht ist diese Bevölkerungsvielfalt der Grund für jene Toleranz, die in anderen israelischen Städten nicht selbstverständlich ist.

ORIENTIERUNG

Aufgrund seiner Hanglage ist Haifa in drei Stadtteile gegliedert: Auf Meereshöhe liegt die Unterstadt mit Altstadt und Hafen, auf etwa 100 m Höhe die Mittelstadt mit dem Geschäfts- und Verwaltungszentrum Hadar und auf etwa 300 m Höhe die Oberstadt, Central Carmel, mit gepflegten Villen, Restaurants und Hotels.

Ⓐ Karmeliterkloster
Ⓑ Nationales Schifffahrtsmuseum
Ⓒ Einwanderungsmuseum
Ⓓ Bahai-Schrein
Ⓔ German Colony
Ⓕ Dagon-Getreidemuseum
Ⓖ Eisenbahnmuseum
Ⓗ Karmelit

An der Marienwallfahrt zum Kloster Stella Maris nehmen alljährlich Tausende Pilger teil

KARMELITERKLOSTER A

Das Karmeliterkloster Stella Maris wurde mehrmals zerstört, die heutige Anlage entstand 1836. In der **Klosterbasilika** zeigen Deckenfresken die Himmelsfahrt des Propheten Elija in einem Feuerwagen und den Harfe spielenden König David. Die Madonna vom Berg Karmel, eine Marienfigur aus Zedernholz mit Porzellankopf, stammt aus dem Libanon. Ein Raum neben dem Klostereingang beherbergt ein kleines historisches **Museum** (tgl. 8.30–12, 15–18 Uhr, Eintritt frei).

Vom Kloster führt ein Fußweg an einer kleinen Kapelle vorbei hinab zur **Grotte des Elija,** in der der Prophet sich auf der Flucht vor König Ahab versteckt haben soll. Die Höhle ist auch für Christen (Josef und Maria sollen hier Zuflucht gesucht haben) und für Muslime (sie verehren Elias als El-Chidr) von Bedeutung (So–Do 8–18, Winter 8–17, Fr 8–13 Uhr, Eintritt frei).

Dem Kloster gegenüber liegt die Bergstation einer **Drahtseilbahn,** die Besucher zur Strandpromenade im Stadtteil Bat Galim hinabbringt. Während der Fahrt hat man einen herrlichen Blick über Haifa.

NATIONALES SCHIFFFAHRTS-MUSEUM B

Das National Maritime Museum wurde 1953 vom israelischen Fregattenkapitän Arie Ben-Eli gegründet. Es dokumentiert anschaulich die 5000-jährige Seefahrtsgeschichte des Mittelmeers mit Schiffsmodellen, nautischen Geräten, archäologischen Fundstücken und anderen Exponaten (198 Allenby St., So–Mi 10–16, Do 16–19, Fr 10–13, Sa 10–15 Uhr, www.nmm.org.il, 35 NIS).

EINWANDERUNGSMUSEUM C

Nur wenige Schritte entfernt liegt das **Museum der illegalen Einwanderung und der Schifffahrt** (Clandestine Immigration and Naval Museum). Zu seinen Exponaten gehört das Schiff »Af-Al-Pi-Chen«, das während der britischen Mandatszeit die Blockade durchbrach, um illegale Einwanderer nach Palästina zu bringen (204 Allenby St., Tel. 04-853 62 49, So–Do 10–16 Uhr, 20 NIS).

BAHAI-SCHREIN D 3

Auf halber Höhe an den Abhängen des Karmel steht inmitten einer prächtigen Parkanlage, den hängenden Gärten, der Bahai-Schrein. Seine goldene Kuppel ist heute das Wahrzeichen von Haifa. Bei dem monumentalen Bau handelt es sich um das Mausoleum von Mirza Ali Mohammed el-Bab, dem Begründer der Bahai-Religion › **Seitenblick unten**. Es wurde 1953 mit Spendengeldern von Bahai-Gemeinden in der ganzen Welt errichtet.

Der Eingang zu den **Bahai-Gärten,** in deren Mitte der Schrein steht, liegt in der Yefe Nof Street, ca. 100 m westlich der großen Aussichtsplattform (61 Yefe Nof St.). Von hier wird man von einem Bahai zum Schrein begleitet. Während man über kunstvoll angelegte Terrassen mit Blumenbeeten bergab geht, erfährt man viel über die Religion der Bahai und genießt zudem einen traumhaften Blick über die Bucht von Haifa. Der Ausgang befindet sich am Haupteingang in der Hatzionut Avenue. Wer nur den Schrein besichtigen möchte, kann diesen Eingang wählen. Die gesamte Anlage wurde 2008 in die Liste des UNESCO-Weltkulturerbes aufgenommen (Eingang 45 Yefe Nof

DER BAHAI-GLAUBE

Die Bahai-Religion lehrt, dass Gott durch Propheten erziehend auf das Schicksal der Menschen einwirkt. Sie vertritt die Einheit der Religionen sowie die Einheit der Menschheit und lehnt alle Arten von Vorurteilen ab. Verkünder und erster Märtyrer der Bahai-Religion war Mirza Ali Mohammed el-Bab (arabisch: »Pforte«, »Tor«). Er wurde 1850 im iranischen Täbris wegen seiner vom Islam abweichenden Lehre hingerichtet. Seine sterbliche Hülle liegt im Bahai-Schrein in Haifa begraben. Als eigentlicher Religionsstifter gilt sein Nachfolger Baha'u'llah, der zuerst nach Bagdad, dann nach Konstantinopel und schließlich nach Akko verbannt wurde, wo er 1892 starb. Sein Sohn Abd al-Baha verkündete den Glauben in der ganzen Welt. Heute hat die Bahai-Gemeinde zwischen 5 und 7 Mio. Mitglieder, die meisten leben in Indien und den USA. Einzige Autorität sind die Schriften von Baha'u'llah und Abd al-Baha, der Bahai-Glaube kennt keine Geistlichkeit. Höchste Bahai-Instanz ist das Haus der Gerechtigkeit, das alle fünf Jahre gewählt wird und seinen Sitz in einem prächtigen Gebäude östlich des Bahai-Schreins hat.

Von den Bahai-Gärten bietet sich ein unverstellter Blick auf die Bucht von Haifa

St., Schrein tgl. 9–12 Uhr, Parkanlage 9–17 Uhr, geführte Tour in englischer Sprache tgl. außer Mi 12 Uhr, Eintritt frei. Der Schrein darf nur in dezenter Kleidung und ohne Schuhe betreten werden, nähere Infos unter www.ganbahai.org.il).

GERMAN COLONY

Unterhalb der Bahai-Gärten bilden beidseits des Ben Gurion Boulevard ca. 50 ältere, aber liebevoll restaurierte Wohnhäuser die Deutsche Kolonie. Sie wurde 1869 von Templern aus Süddeutschland gegründet. Bis 1907 erschlossen ihre rund 1700 Mitglieder von Haifa aus weitere Siedlungen im Heiligen Land, darunter Sarona im Großraum Tel Aviv › S. 72. Doch nach 1933 zeigten sich insbesondere jüngere Templer als sehr aufnahmebereit für das Ideengut der Nazis. Die Religionsgemeinschaft geriet zusehends ins Visier der britischen Mandatsmacht, die sie nach Ausbruch des Zweiten Weltkrieges aus Israel auswies.

Viele der Wohnhäuser sind gut erhalten, so z. B. Haus Nr. 8, das den Wohlstand seiner einstigen Besitzer, der Familie Dick, wiederspiegelt. Im Haus Nr. 11, einst Schule und Sitzungssaal der Templer, hat das **Haifa City Museum** seinen Sitz (So–Mi 10–16, Do 16–19, Fr 10–13, Sa 10 bis 15 Uhr, www.hcm.org.il, 25 NIS). Einen Blick lohnen auch die Häuser 12, 16 und 24. Das 1905 erbaute Haus Nr. 28 beherbergt das wunderschöne kleine Colony Hotel › S. 83. In Nr. 48 befindet sich der Haifa Tourist Board › S. 82. Die German

Karte S. 78

Colony ist heute ein touristisches Zentrum mit vielen Restaurants, Cafés, Boutiquen und Kunstgewerbeläden. Zu ihrer Beliebtheit trägt auch der schöne Blick auf die Bahai-Gärten bei, deren Treppen in den Ben Gurion Boulevard münden.

DAGON-GETREIDE-MUSEUM F

Haifa besitzt viele Museen, aber eines ist einmalig: Das Getreidemuseum im Dagon, einem 70 m hohen Silo mit Platz für 100 000 t Getreide, stellt dar, wie sich Anbau, Verarbeitung und Lagerung von Getreide seit frühgeschichtlicher Zeit entwickelten. Zu den Exponaten gehören antike Mahlsteine und Tongefäße, 4000 Jahre altes Korn und Modelle von Silos (Plumar Square, Tel. 04-866 42 21, tgl. 10.30–11 Uhr und nach telefonischer Voranmeldung).

EISENBAHNMUSEUM G

Haifa besitzt einen alten Bahnhof, der früher Hedjas-Bahnhof hieß. Er wurde 1905 von den osmanischen Behörden erbaut und war damals die Endstation der von deutschen Ingenieuren geplanten Hedjas-Bahn, die Haifa mit Damaskus und Medina in Saudi-Arabien verband. Heute beherbergt das Bahnhofsgebäude das israelische Eisenbahnmuseum. Die Sammlung umfasst neben restaurierten Lokomotiven und Waggons eine Vielzahl weiterer mit der Eisenbahn verbundener Exponate aus der Zeit von 1888 bis zur Gegenwart (Alter Ostbahnhof, Faisal Square, Tel. 04-856 42 93, So–Do 8–15.30 Uhr, 30 NIS).

KARMELIT H

Eines der wichtigsten innerstädtischen Verkehrsmittel Haifas ist die U-Bahn Karmelit, die von der Unterstadt zum Karmel hinauffährt. Sie wurde von 1956 bis 1959 von Franzosen gebaut. In etwa 10 Min. legt sie eine Distanz von 1,8 km und 280 Höhenmeter zurück, wobei sie eine Steigung von ca. 15 % bewältigt. Die Bahn hat sechs Stationen vom Paris Square hinauf nach Gan Haem. Einmal mitfahren ist ein Muss. Von der obersten Station gelangt man in die Panorama Road, von der man herrliche Ausblicke über Haifa genießt. Hier starten auch die vier 1000-Stufen-Stadtspaziergänge › unten (So–Do 6–24, Fr 6–15, Sa 20–24 Uhr, www.carmelithaifa.com, Einzelticket 6,60 NIS, Tagesticket 15 NIS).

INFOS

Haifa Tourist Board

- 48 Ben Gurion Blvd. | Haifa
  Tel. 04-853 56 06 | www.visit-haifa.org
  So–Do 9–17, Fr 9–13, Sa 10–15 Uhr

AKTIVITÄTEN

- Das Haifa Tourist Board hat vier 1000-Stufen-Stadtspaziergänge ausgewiesen, die an der Bergstation der Karmelit-Bahn beginnen. Die Treppenwege haben unterschiedliche Themenschwerpunkte und führen zum Paris Square, in die German Colony, nach Wadi Nisnas und zum Haus von Mustafa el-Halil Pascha in der Altstadt.
- Kenntnisreiche deutschsprachige Stadtführungen in Kleingruppen organisiert **Eva Manger** (Mobiltel. 052-247 74 69, www.eva-israeltours.com).

HOTELS

German Colony Hotel €€
Boutiquehotel in einem schönen alten Templerhaus. Gepflegter Garten, Sonnenterrasse auf dem Dach.
- 28 Ben Gurion Blvd. | Haifa
  Tel. 04-851 33 44
  www.german.colonyhaifa.com

Templers Boutique Hotel €€
Historisches Gebäude aus dem 19. Jh. in der Deutschen Kolonie. Moderne, mit zeitgenössischer Kunst eingerichtete Zimmer.
- 36 Ben Gurion Blvd. | Haifa
  Tel. 04-629 77 77
  www.templers-haifa.com

Haifa Guest House €
16 Zimmer in einem Templerhaus zu Füßen der Bahai-Gärten, sehr gute Lage.
- 42 Ben Gurion Blvd. | Haifa
  Tel. 04-775 58 07 | www.haifahouse.com

Port Inn €
Hostel mit Doppelzimmern und Betten im Schlafsaal; Gemeinschaftsküche, schöne Außenterrasse.
- 34 Jaffa Rd. | Haifa | Tel. 04-852 44 01
  www.portinnhostels.com

RESTAURANTS

El Kheir Druze Cuisine €€
Einfaches Ambiente, leckere drusische Gerichte. Di-So 12-22 Uhr.
- 139 Hanassi Blvd. | Haifa
  Tel. 04-850 00 90

Fattoush €€
Ausgezeichnete arabische Küche in orientalischem Ambiente, Außenterrasse mit Tischen unter Pinien. Tgl. 8–1 Uhr.
- 38 Ben Gurion Blvd. | Haifa
  Tel. 04-852 49 30

Rak Basar €€
Rustikales Lokal in einem historischen Gebäude der German Colony. Es gibt nur Fleisch, das man sich an der Theke aussucht. So–Do 12–1, Fr, Sa 12–23 Uhr.
- 15 Ben Gurion Blvd. | Haifa
  Tel. 04-855 18 72 | www.rakbasar.co.il

AUSFLUG INS KARMELGEBIRGE

Um den Gipfelkamm des Karmel herum wurde ein größeres Areal zum **Nationalpark** erklärt. Hier führen Wanderwege durch Pinienwälder, es gibt Picknickplätze an reizvollen Aussichtspunkten.

In den Dörfer **Isfiya** und **Daliyat el-Karmel** leben seit dem 18. Jh. Drusen aus Syrien und stellen bis heute die Mehrheit. Hier kann man drusisches Kunsthandwerk erwerben und in den Restaurants drusische Gerichte probieren. Am Samstag ist in Daliyat Markttag. Das **Druse Heritage Center** informiert über Geschichte und Kultur der Drusen (3 Street, Besuch nach Voranmeldung unter Tel. 054-466 56 17).

AKKO 8 B1

Am nördlichen Ende der Bucht von Haifa liegt die alte Stadt Akko (rund 47 000 Einw.), die bis heute ihren arabisch-orientalischen Charakter behalten hat. Man spürt ihn in den engen Gassen der Altstadt, in den Basaren und auch am Hafen, selbst wenn an den Kais inzwischen deutlich mehr kleine Freizeitjachten als Fischerboote anlegen.

Im beeindruckenden Speisesaal der Johanniter soll auch Marco Polo zu Gast gewesen sein

Akko blickte bereits auf eine 3000-jährige Geschichte zurück, als die Kreuzritter es 1104 eroberten. Sie gaben der Stadt den Namen »Saint Jean d'Acre« und machten sie zum Hauptsitz des Johanniterordens. Akko entwickelte sich zum wirtschaftlichen Zentrum des Kreuzfahrerreichs, Genua, Venedig und Pisa gründeten in der Stadt Handelsniederlassungen. Zeitweilig lebten 40 000 Menschen in ihren Mauern. In Akko stifteten Kaufleute aus Lübeck und Bremen zur Betreuung und Pflege kranker Ritter und Pilger die Gesellschaft der Hospitaliter, später bekannt als Ritter des Deutschen Ordens. Auf lange Sicht konnte Akko jedoch dem Ansturm muslimischer Heere nicht standhalten. Saint Jean d'Acre fiel 1291 als letzter Stützpunkt im Heiligen Land. Mit dem Ende der Kreuzritter-Ära versank Akko fünf Jahrhunderte lang in Bedeutungslosigkeit, obwohl es unter osmanischer Herrschaft Provinzhauptstadt Palästinas und damit Regierungssitz des türkischen Paschas blieb. Ab 1775 gelangte die Stadt unter Pascha Ahmed El-Jezzar, der wegen seiner Grausamkeit den Beinamen »der Schlächter« trug, zu neuer Blüte. El-Jezzar befestigte Akko so, dass es 1799 sogar der Belagerung durch Napoleon standhielt. 1918 eroberten die Briten Akko, 1948 die Israelis. Heute ist es eine der lebendigsten und meistbesuchten Städte Israels. Seine Altstadt zählt seit 2001 zum UNESCO-Weltkulturerbe.

EL-JEZZAR-MOSCHEE

Unweit der großen Parkplätze am Rand der Stadtmauer steht die El-Jezzar-Moschee, das größte und schönste islamische Gotteshaus der Stadt. Es wurde 1781/82 von Ahmed El-Jezzar an der Stelle der Kreuzfahrerkirche errichtet, unter Verwendung von Baumaterial aus der Ruinenstätte Caesarea. Ein Nebengebäude birgt die Gräber von El-Jezzar und seinem Adoptivsohn Suleiman Pascha. Wertvollster Schatz der Moschee ist ein Barthaar des Propheten Mohammed, das einmal im Jahr am Ende des Fastenmonats Ramadan den Gläubigen feierlich präsentiert wird (tgl. 8–17 Uhr, keine Besichtigung während der Gebetszeiten).

KREUZFAHRERSTADT 4

Gegenüber der Moschee liegt der Eingang zu Akkos bedeutendster Sehenswürdigkeit, der Kreuzfahrerstadt. Der von den Johannitern angelegte Komplex liegt heute 4 m unter der Erde. Auf dem Rundgang durch die gewaltige Anlage besucht man die **Rittersäle,** Unterkünfte für die Soldaten des Ordens, den auch Grand Munir genannten **Kapitelsaal** und das beeindruckende **Refektorium.** Drei mächtige Rundpfeiler tragen das frühgotische Kreuzgratgewölbe des einstigen Speise- und Zeremoniensaals der Johanniter. Ein 65 m langer Tunnel, der den Rittern im Notfall auch als Fluchtweg diente, führt zum **Pilgerspital,** dem *domus infirmorum* (Sommer Sa–Do 8.30–18, Fr bis 17, Winter 8.30–17, Fr bis 16 Uhr, letzter Einlass 1 Std. vor Schließung, Kombiticket 40 NIS, im Foyer sind Audioguides erhältlich).

ZITADELLE

Die Zitadelle über der Kreuzfahrerstadt ließ im 18. Jh. Ahmed El-Jezzar errichten, seine Nachfolger bauten sie aus. Zur Zeit der Türkenherrschaft und unter der britischen Mandatsregierung diente der Komplex als Gefängnis. Viele Untergrundkämpfer wurden hier interniert und hingerichtet. Das **Underground Prisoners Museum** hält mit Fotografien und Dokumenten die Erinnerung an die politischen Gefangenen und ihr Schicksal wach (Tel. 04-991 13 75, So–Do 8.30 bis 16.30 Uhr, 15 NIS).

ALTSTADT ★

Nach dem Besuch der Kreuzfahrerstadt empfiehlt sich ein Spaziergang durch die engen Gassen der Altstadt. Im türkischen Bazar werden Souvenirjäger fündig, im Souk stehen Lebensmittel und Gewürze zum Verkauf. Im ebenfalls von El-Jezzar erbauten **Türkischen Bad** ist heute das Stadtmuseum untergebracht, das Akkos Vergangenheit lebendig werden lässt. In einer Ton-Bild-Schau kommt der letzte Bademeister des Hammam zu Wort (Sommer Sa–Do 9–19.30, Fr 9–17.30, Winter Sa–Do 9–17.30, Fr 9–16.30 Uhr, letzter Einlass 1 Std. vor Schließung, Kombiticket 25 NIS). Auf dem Weg zum Hafen passiert man den **Khan Al-Umdan,** eine 1785 von El-Jezzar gebaute Karawanserei mit großem Innenhof. Ihr auffälliger Uhrturm wurde 1906 von Sultan El-Hamir II. angebaut. Am Hafen laden mehrere Fischlokale zum Verweilen ein.

SCHREIN DES BAHA'U'LLAH

Etwas außerhalb von Akko an der Landstraße nach Nahariya erhebt sich in einer schönen Gartenanlage das Mausoleum des Baha'u'llah, des Gründers der Bahai-Religion › S. 80. Zusammen mit dem Bahai-Schrein in Haifa zählt er zum UNESCO-Weltkulturerbe. Auf dem Parkareal steht auch das Haus, in dem Baha' u'llah in Arrest lebte (Garten tgl. 9–16, Schrein Fr–Mo 9–12 Uhr, www.ganbahai.org.il).

INFOS

Old Acre Visitors' Centre

- 1 Weitzmann St. | Akko
  Tel. 04-995 67 06 | www.akko.org.il
  So–Do 8.30–18.30, Fr 8.30–16.30 Uhr

HOTEL

Akkotel €€

In die Stadtmauer integriertes Boutiquehotel, Dachterrasse mit Meerblick.

- 1 Salaheddin St. | Akko
  Tel. 04-987 71 00 | www.akkotel.com

RESTAURANTS

Abu Christo €€

Gutes Fischrestaurant in schöner Lage direkt am Hafen. Tgl. 12–23 Uhr.

- Fisherman's Port | Akko
  Tel. 04-991 00 65

El Marsa Bistro Bar €€

Am Hafen; Fisch- und Fleischgerichte, aber auch Vegetarisches. Tgl. 12–24 Uhr.

- Fisherman's Port | Akko
  Tel. 04-901 92 81 | www.en.elmarsa.co.il

SHAVE ZION 9 B1

Auf der Weiterfahrt Richtung Norden bietet sich Shave Zion für eine Erholungspause an, eine landwirtschaftliche Siedlung in der Eigentumsstruktur eines Moshavs. Eine kleine Gedenkstätte erinnert an ihre Gründungsgeschichte: 1938 wanderten die jüdischen Bewohner des Dorfes Rexingen im Schwarzwald – schwäbische Bauern und Handwerker – gemeinsam nach Palästina aus. Shave Zion besitzt einen schönen Strand mit Duschen und Ständen, die Erfrischungen anbieten.

NES AMMIM 10 B1

Von Shave Zion 5 km landeinwärts fahrend erreicht man Nes Ammim. Die Siedlung wurde in den 1960er-Jahren von deutschen und holländischen Christen gegründet, um die Verständigung zwischen Christen und Juden zu verbessern. Heute fungiert Nes Ammim als ökumenisches Begegnungszentrum und besitzt ein sehr schönes Gästehaus.

UNTERKUNFT

Nes Ammim Guesthouse €€

48 Zimmer und 11 Apartments inmitten einer Gartenanlage, großer Pool.

- Nes Ammim | Tel. 04-995 00 20
  www.nesammim.com

NAHARIYA 11 B1

30 km nördlich von Akko liegt Nahariya, 1934 von jüdischen Einwanderern aus Deutschland gegründet. Dank des fruchtbaren Umlands ge-

langte die Siedlung schnell zu Wohlstand. Während der britischen Mandatszeit landeten hier mehrere Schiffe mit illegalen jüdischen Einwanderern. Im Bürgerkrieg 1947/48 war die Landverbindung zwischen Nahariya und den jüdischen Zentren um Haifa eine Zeit lang unterbrochen; erst im Mai 1948 verdrängten israelische Soldaten die Araber aus diesem Raum.

Mitte der 1950er-Jahre entdeckten die Bewohner ihren schönen Strand als Vermarktungsprodukt und entwickelten Nahariya zu »Israels nördlichstem Ferienparadies«. Es hebt sich mit kleinen Hotels und Pensionen bewusst von anderen Badeorten der Mittelmeerküste ab.

Reizvolle Badeplätze am Meer gibt es auch 5 km nördlich von Nahariya im **Akhziv-Nationalpark.** Hier wurde schon zu römischen Zeiten Wein angebaut, wie archäologische Ausgrabungen belegen.

HOTEL

Travel Hotel Gesher HaZiv €

Einfaches Gästehaus mit Pool, 1 km vom Strand im Akhziv-Nationalpark entfernt.

- Kibbutz Gesher HaZiv | Tel. 04-688 30 40 www.travelhotels.co.il

ROSH HANIKRA 12 B1

Letzter Ort vor der libanesischen Grenze ist Rosh Hanikra, das schon in der Antike große strategische Bedeutung besaß. UNO-Soldaten garantieren hier die Waffenruhe. Rosh Hanikra ist berühmt für seine weiß leuchtenden Kreidefelsen und die durch Erosion entstandenen Grotten, zu denen eine Gondelbahn hinabführt. Neben der Bergstation gibt es ein Restaurant, das herrliche Blicke über Küste und Mittelmeer bietet (Gondelbahn im Sommer Sa–Do 9–18, im Winter 9–16, Fr ganzjährig 9–16 Uhr, www.rosh-hanikra.com, 48 NIS).

Bei Rosh Hanikra an der Grenze zum Libanon trifft Weiß auf Blau

GALILÄA & WESTBANK

Die kleine Religionsgemeinschaft der Samaritaner sieht sich als einzig wahre Erben Moses

Diese kontrastreiche Region umfasst das biblische Galiläa mit den Wirkungsstätten von Jesus rund um den See Genezareth und die palästinensische Westbank mit dem Jordantal und den geschichtsträchtigen Altstädten von Nablus und Jericho.

Galiläa und die Westbank bilden zusammengenommen eine Reiseregion, die zu den interessantesten des Landes gehört – ursprünglich, vielfältig und kontrastreich. Von der libanesischen Grenze im Norden reicht sie bis in den Süden zum Toten Meer, geht im Westen in die Meronberge und die Sharon-Ebene über und wird im Osten durch Syrien und Jordanien begrenzt.

Die Golanhöhen ganz im Norden gehören völkerrechtlich nicht zu Israel: Sie wurden im Sechstagekrieg im Jahr 1967 erobert und 1981 annektiert. Die Westbank (auch Westjordanland oder »Cisjordanien«), die westlich des Jordans liegt und knapp 6000 km² umfasst, gehörte nach 1948 zum Königreich Jordanien, das 1988 auf dieses Gebiet zugunsten eines Palästinenserstaats verzichtet hat. Israel nennt es – zur Untermauerung seines biblischen Anspruchs – Samaria (nördlicher Teil) und Judäa (südlicher Teil). Weniger als 10 % der Westbank, die den Kern eines eigenen Staates der Palästinenser bilden sollten, werden heute autonom von diesen verwaltet. Dazu gehören die Städte Nablus, Jericho und Ramallah.

Von ihrem höchsten Punkt am Berg Hermon bis zu ihrem tiefsten Punkt an den Ufern des Toten Meeres umfasst die Region nicht nur mehr als 2600 Höhenmeter, sondern auch eine Vielfalt von Landschaften mit ganz unterschiedlichen klimatischen und geologischen Bedingungen. Einige der bedeutendsten Naturparks wie Tel Dan, Banias, Horshat und das Hula-Tal liegen im Norden des Landes.

Im Zentrum dieser Region liegt der See Genezareth. Er ist 21 km lang, 13 km breit und knapp 50 m tief. Es gibt unterschiedliche Erklärungen dafür, wie es zu dem hebräischen Namen des Sees – Jam Kinnereth – kam. Sicher die poetischste ist die, dass die melodischen Klänge der Wellen an die Musik einer Harfe (hebr. *kinor* = Harfe) erinnerten. Wichtigster Zulauf des größten Süßwasserreservoirs Israels ist der aus dem Hula-Tal kommende Jordan, der im Süden des Sees wieder austritt und zum Toten Meer fließt. Der Tourismus konzentriert sich auf Tiberias mit seinen Thermalquellen und Kureinrichtungen.

Viele Orte und Landschaften der Region sind eng verbunden mit der Biografie des charismatischen Wanderpredigers Jesus, der in Galiläa gelebt und gewirkt hat. In Nazareth, Kana und rund um den See Genezareth können Schauplätze seiner überlieferten Reden und Wundertaten besucht werden.

Karte S. 94

TOUREN IN DER REGION

TOUR 5

UM DEN SEE GENEZARETH

ROUTE: Tiberias > Ginosar > Tabgha > Berg der Seligpreisungen > Kapernaum > Kursi-Nationalpark > En Gev > Yardenit > Tiberias

KARTE: Seite 94
DAUER/LÄNGE: 1 Tag; ca. 68 km
PRAKTISCHE HINWEISE:

- Die Tour wurde für Reisende mit Leihwagen konzipiert.
- In Tiberias verleihen einige Hotels Räder, man teilt sich die Straße aber mit vielen Autos.
- Von der Seepromenade legen Ausflugsboote nach Kapernaum, En Gev und zu anderen Orten ab.

TOUR-START:

Die Rundfahrt um den See Genezareth beginnt in **Tiberias** 3 › S. 93. Nach einer kurzen Fahrt auf der N 90 Richtung Norden erreicht man den Kibbuz **Ginosar** 4 › S. 96, wo im Yigal Allon Center das »Jesus-Boot« ausgestellt ist. Nächste Station am Seeufer ist **Tabgha** 5 › S. 96. Hier vermehrte Jesus Brot und Fisch zur Speisung der Fünftausend. Von Tabgha aus führt die N 87 an der Kfar Nakhum Junction Richtung Norden nach Rosh Pina. Den Hinweisschildern »Mount of the Beatitudes« folgend, kommt man auf den **Berg der Seligpreisungen** 6 › S. 97, auf dem Jesus die berühmte Bergpredigt gehalten hat. Das nächste Etappenziel, **Kapernaum** 7 › S. 97, liegt wieder an der N 90. Es ist der Ort, an dem Jesus seine ersten Jünger berief. Hinter der nördlichen Spitze des Sees folgt man der N 92. Eine Gelegenheit für ein Picknick bietet sich im wenige Kilometer südlich gelegenen **Kursi-Nationalpark.** Hier soll Jesus einen Besessenen von Dämonen befreit haben. Alternativ kann man im Restaurant des Kibbuz **En Gev** 8 › S. 98, den man nach weiteren 20 km auf der N 92 erreicht, St. Petersfisch probieren. Letzte Station ist **Yardenit** 9 › S. 99, Taufplatz für christliche Pilger an der Stelle, wo der Jordan aus dem See Genezareth austritt. Von hier sind es noch etwa 10 km nach Tiberias.

TOUR 6

HULA-TAL & GOLANHÖHEN

ROUTE: Tiberias > Safed > Rosh Pina > Hula Nature Reserve > Qiryat Shemona > Horshat Tal National Park > Tel Dan Nature Reserve > Banias Nature Reserve > Burg Nimrod

KARTE: Seite 94
DAUER/LÄNGE: 2 Tage; ca. 69 km
PRAKTISCHE HINWEISE:

- Für diese Tour benötigt man einen Leihwagen.
- Als Nachtquartier bieten sich Rosh Pina oder Qiryat Shemona an.

TOUR-START:

Ausgangspunkt der Tour ist wieder **Tiberias** 3 › S. 93. Von hier fährt man auf der N 90 nordwärts bis **Rosh Pina** 11 › S. 100, wo eine lange Serpentinenstraße nach **Safed** 10 › S. 99 abzweigt. Nach einem Bummel durch die arabische Altstadt und das Synagogenviertel geht es zurück zur N 90. Nach etwa 15 km ist rechter Hand das **Hula Nature Reserve** 12 › S. 101 ausgeschildert, ein Vogelparadies mit Beobachtungsplätzen rund um einen See (Fernglas mitnehmen!). Auf der N 90 geht es anschließend weiter nordwärts in Richtung **Qiryat Shemona** 13 › S. 101. Nachdem man die Stadt passiert hat, biegt man nach Osten auf die N 99 ab. An dieser Straße liegen mehrere Naturschutzgebiete: Im **Horshat Tal National Park** kann man unter jahrhundertealten Eichen picknicken, im **Tel Dan** 14 › S. 101 und im **Banias Nature Reserve** 15 › S. 101 durch üppige Vegetation zu den Ursprüngen der Jordanquellflüsse Dan und Hermon wandern. Letzte Touretappe ist die **Burg Nimrod** 16 › S. 104. Von dort genießt man den herrlichen Blick über die Golanhöhen, bevor es nach Tiberias zurückgeht.

TOUR 7

NACH RAMALLAH

ROUTE: Belvoir › Bet Shean › Nablus › Jericho › Ramallah

KARTE: Seite 105
DAUER/LÄNGE: 1 Tag; ca. 130 km
PRAKTISCHE HINWEISE:

- Wer mit dem Leihwagen nicht in die A-Gebiete hineinfahren will, kann an den israelischen Checkpoints in ein palästinensisches Taxi umsteigen.

TOUR-START:

Am Südende des Sees Genezareth liegt der Kibbuz **Deganya,** der als ältester Israels gilt. Hier beginnt die Fahrt gen Süden auf der N 90. Nach etwa 15 km erreicht man mit **Belvoir** 17 › S. 104 eine der besterhaltenen Kreuzfahrerburgen des Landes. Dem Jordantal weiter folgend gelangt man nach 25 km zur Ausgrabungsstätte **Bet Shean** 18 › S. 104, wo man die antiken Prachtbauten entlang der Palladius-Straße besichtigt. Von der N 90 biegt nach 40 km die Verbindungsstraße (N 57) nach **Nablus** 19 › S. 106 ab. Hier lohnt ein Bummel durch die Altstadt. Zurück auf der N 90 sind es etwa 40 km bis nach **Jericho** 20 › S. 106, einer der Wiegen der Zivilisation, und weitere 25 km bis nach **Ramallah** 21 › S. 107, dem kulturellen Dreh- und Angelpunkt Palästinas.

UNTERWEGS IN DER REGION

NAZARETH 1 ★ B2

In Nazareth erinnern über 20 Kirchen, Klöster, Schulen und Synagogen an Jesus, der hier den größten Teil seines Lebens verbrachte. Der Altstadtrundgang beginnt an der **Verkündigungskirche.** Sie steht dort, wo der Erzengel Gabriel Maria die Geburt Jesu verkündigte. Die heutige Kirche wurde 1969 errichtet. Sie hatte vier Vorgängerbauten, deren erhaltene Überreste in die Unterkirche integriert wurden, in der sich auch die Verkündigungsgrotte befindet. Die Oberkirche ist Maria gewidmet; Mosaiken und Gemälde von Künstlern aus aller Welt stellen Szenen aus ihrem Leben dar (Grotte tgl. 5.45–21 Uhr, Oberkirche Mo–Fr und So 8–17, Sa 8–18 Uhr, www.nazarethinfo.org).

Nur wenige Schritte entfernt steht die **Josephskirche,** die 1914 über einer Höhle errichtet wurde, in der sich die Werkstatt von Josef befunden haben soll (im Sommer tgl. 8–18, im Winter 8–17 Uhr).

Der markierten Pilgrims Route folgend, kommt man zur griechisch-orthodoxen **Synagogenkirche** von 1861. Sie markiert die Stelle, an der Jesus in der Synagoge lehrte und sich als Messias zu erkennen gab (Mo–Sa 8–12, 14–17 Uhr).

Gemäß der Überlieferung des Jakobus erschien Gabriel der Jungfrau Maria an einem Brunnen, der damals einzigen Wasserquelle Nazareths. Über dieser Quelle steht der Altar der **Gabrielskirche** aus der Mitte des 18. Jhs., der griechisch-orthodoxen Verkündigungskirche (Mo–Sa 7–17 Uhr).

Das Oktogon der modernen Verkündigungskirche erhebt sich über antiken Ruinen

INFOS

Cultural and Tourism Association

- Khan Al Basha Building | Nazareth
  Tel. 04-610 66 11 | www.nazarethinfo.org
  Mo–Fr 8.30–17, Sa 9–14 Uhr

HOTELS

Al Mutran Guest House €

Alte arabische Villa in der Altstadt, einfache Ausstattung, freundlicher Service.

- Bishop (Mutran) Square
  Nazareth | Tel. 04-645 79 47
  www.al-mutran.com

Fauzi Azar Inn €

Zimmer und Schlafsaalbetten in einem arabischen Herrenhaus mit viel Atmosphäre, sauber und gemütlich.

- 6112 St. (im Souq)
  Nazareth | Tel. 04-602 04 69
  www.abrahamhostels.com

RESTAURANT

Bayat €€

Morgens eine Kaffee-Bar, mittags und abends exzellente internationale Küche, auch Plätze im Freien. Mo–Sa 9–24 Uhr.

- Mary's Well Street | Nazareth
  Tel. 04-655 51 46

KAFR KANNA 2 B2

Kafr Kanna ist der biblische Ort Kana (nicht zu verwechseln mit dem Land Kanaan). Hier vollbrachte Jesus sein erstes Wunder, als er bei einer Hochzeitsfeier Wasser in Wein verwandelte. An der Stelle des Hauses, in dem das Fest stattgefunden haben soll, steht seit 1883 die **Franziskanerkirche.** Innen sind Gefäße zu sehen, die mit dem Wunder in Verbindung gebracht werden (Mo–Sa 8–12, 14–17.30 Uhr), ebenso in der **griechisch-orthodoxen Kirche** gegenüber (wechselnde Öffnungszeiten).

SEE GENEZARETH 5

Israels größter Süßwassersee fügt sich eindrucksvoll in die Landschaft der Berge Galiläas und des Golan ein. An seinen Ufern liegen Stätten, die eng mit dem Leben und Wirken Jesu verbunden sind. Badestrände mit Picknickplätzen und zahlreiche Freizeitangebote machen den See zu einem beliebten Ausflugsziel auch der Israelis. Zentrum des bislang auf das Nord- und Westufer konzentrierten Tourismus ist Tiberias.

TIBERIAS 3 C2

20 n. Chr. von Herodes Antipas gegründet und dem römischen Kaisers zu Ehren »Tiberias« genannt, entwickelte sich die Stadt ab dem 2. Jh. n. Chr. zum Zentrum rabbinischer Akademien. Seit 166 n. Chr. war sie Sitz des Hohen Rates (Sanhedrin), der obersten geistlichen und politischen Instanz des Judentums. In Tiberias wurden wichtige Teile des Talmud und die Vokalisation der biblischen Schriften erarbeitet.

636 n. Chr. eroberten die Araber die Stadt, 1099 befestigten die Kreuzfahrer sie mit einer Mauer. 1247 wurde Tiberias durch die Mamelucken zerstört. Unter osmanischer Herrschaft gelangte es im 18. Jh. erneut zur Blüte, bis ein Erdbeben 1837 große Teile der Altstadt zerstörte. Heute sind nur noch we-

nige historische Denkmäler zu besichtigen. Das moderne Tiberias ist ein beliebter Ferienort, dessen Thermalquellen und Bademöglichkeiten viele Gäste anziehen.

GRAB DES MAIMONIDES UND DES RABBI MEIR

In Tiberias befinden sich die Grabstätten vieler großer Rabbiner, die wichtige jüdische Pilgerziele darstellen. 14 Säulen säumen den Weg zum **Grab des Maimonides** auf dem alten Friedhof. Der Arzt und Philosoph (1134–1202) war Oberhaupt der jüdischen Gemeinde in Ägypten (Yohanan Ben Zakkay Street, von Sonnenauf- bis untergang geöffnet, zeitweise geschl.).

Am Südende der Stadt ragt am Uferhang das **Kuppelgrab des Rabbi Meir** auf, eines der wichtigsten jüdischen Heiligtümer Israels. Der große Gelehrte lebte im 2. Jh. n. Chr. und trug maßgeblich zur Mischna bei, der ersten schriftlichen Zusammenfassung der mündlichen Überlieferung des Judentums (Eliezer Kaplan Road, tgl. geöffnet).

HAMAT TIBERIAS-NATIONALPARK

Die Anfänge der Siedlung Hamat Tiberias reichen in alttestamentarische Zeit zurück. Hauptattraktion der Ausgrabungsstätte ist die **Severus-Synagoge** aus dem 2. und 3. Jh. n. Chr. Das gut erhaltene Bodenmosaik zeigt einen Zodiakus, der um den Sonnengott Helios kreist. Am Eingang beherbergt ein altes Badehaus das **Hammam Suleiman Museum,** das über die historische

TOUREN IN GALILÄA & IM GOLAN

TOUR 5

UM DEN SEE GENEZARETH

Tiberias > Ginosar > Tabgha > Berg der Seligpreisungen > Kapernaum > Kursi-Nationalpark > En Gev > Yardenit > Tiberias

TOUR 6

HULA-TAL & GOLANHÖHEN

Tiberias > Safed > Rosh Pina > Hula Nature Reserve > Qiryat Shemona > Horshat Tal National Park > Tel Dan Nature Reserve > Banias Nature Reserve > Burg Nimrod

Bedeutung des Bades und der Heilquellen informiert (April–Sept. Sa–Do 8–17, Fr 8–16, Okt.–März Sa–Do 8–16, Fr 8–15 Uhr, letzter Einlass 1 Std. vor Schließung, www.parks.org.il, 14 NIS).

In Hamat Tiberias entspringen die 17 Thermalquellen (60 °C), die das gegenüberliegende **Tiberias Hot Spring Spa** speisen. Es betreibt ein Hallen- und Freibad mit angeschlossenem Gesundheits- und Wellnesscenter (So 8–18, Di 8–21, Mo, Mi, Do 8–19, Fr, Sa 8.30–17, im Winter bis 16 Uhr, 88 NIS, Fr, Sa 95 NIS).

INFOS

Tourist Information Office

- Habanim St. (Archaeological Park) Tiberias | Tel. 04-672 56 66 So–Do 8–16, Fr 8–11 Uhr

VERKEHRSMITTEL

Busse: Die Central Bus Station liegt an der Ecke HaShiloach/HaYarden Street. Die Busse 15–19, 21 und 22 umrunden den See; Egged-Busse verkehren nach Bet Shean und Qiryat Shemona (Infos: www.egged.co.il).

HOTELS

The Scots Hotel €€€

Das historische Hospital der schottischen Kirche wurde in ein luxuriöses Hotel mit eigenem Strand umgewandelt.

- 1 Gdud Barak St. | Tiberias Tel. 04-671 07 10 | www.scotshotels.coml

Leonardo Plaza Tiberias €€

Großer Komplex mit 198 Zimmern am Seeufer, privater Strand, Swimmingpool.

- Gdud Barak Street | Tiberias Tel. 04-670 08 00 www.leonardo-hotels.com

RESTAURANT

Decks Restaurant €€

Beliebtes Grillrestaurant direkt am Seeufer, Fleisch- und Fischgerichte in großen Portionen. Sa–Do 12–23, Fr 12–17, Sa 19.30–23 Uhr.

- Gdud Barak Street (Lido Beach) Tiberias | Tel. 04-671 08 00 wwwdecks.co.il

GINOSAR 4 C1

Der Kibbuz Ginosar unterhält das **Yigal Allon Center**, das sich der Siedlungsgeschichte Galiläas widmet. Wichtigstes Exponat ist das im Jahr 1986 gefundene, 8,20 m lange und 2,30 m breite »Jesus Boat«. Historiker datieren das aus Eichen- und Zedernholz angefertigte Boot auf das Jahr 40 n. Chr. Ein Videofilm informiert über den Fund und die aufwendigen Restaurierungsarbeiten (So–Do, Sa 8–17, Fr 8–16 Uhr, www.museums.gov.il, 25 NIS).

TABGHA 5 C1

Die Siedlung, die ihren Namen von den umliegenden sieben Quellen (*heptagon* = griech. sieben) erhielt, gilt als Ort der Speisung der Fünftausend. Um den Fels, auf dem Jesus Fisch und Brot vermehrte, bauten schon die ersten Christen ein Gotteshaus. Der Grundriss der heutigen, in den 1980er-Jahren errichteten **Brotvermehrungskirche** entspricht dem des byzantinischen Sakralbaus. Unter dem Altar im schlichten, hellen Kirchenraum befindet sich der Fels, der schon im Mittelpunkt der ersten Kirche von Tabgha stand. Auf dem **Mosaik** vor dem Altar sind

Das Mosaik in der Brotvermehrungskirche liefert das Motiv für viele Israel-Andenken

zwei Fische und vier Brotlaibe (der fünfte liegt auf dem Altar!) zu sehen, die Jesus für die hungrige Menschenmenge vermehrte (Mo–Fr 8–17, Sa 8–15, So 11–17 Uhr, Einlass bis 15 Min. vor Schließung).

HOTEL

Pilgerhaus Tabgha €€

Das im Jahr 1889 errichtete und später erweiterte Gästehaus bietet 70 Zimmer, Gemeinschaftsräume und ein großes Restaurant mit Terrasse zum See hin.

- Migdal | Tel. 04-670 01 00 www.dvhl.de

BERG DER SELIGPREISUNGEN 6 C1

Vom See führt eine kurvenreiche Straße durch Gärten und Felder hinauf auf die kleine Erhebung am Nordwestufer des Sees Genezareth. Hier hielt Jesus die Bergpredigt, die die berühmten Seligpreisungen und das »Vaterunser« enthält. Die **Kirche der Seligpreisungen** wurde 1937 von Antonio Barluzzi erbaut. Eine hübsche Gartenanlage verbindet sie mit dem benachbarten Hospiz und dem Domus Galilaeae, einem Begegnungsort für christliche Wissenschaftler und Pilger aus der ganzen Welt (Kirche tgl. 8–11.45, 14–16.45 Uhr, Parken 10 NIS).

KAPERNAUM 7 C1

Der Fischerort (hebr. *kfar Nahum* = »Dorf des Nahum«) am Nordwestufer des Sees Genezareth ist für die Biografie Jesu von großer Bedeutung. Hier predigte er, heilte Kranke und berief seine ersten Jünger.

Kapernaum wurde im 2. Jh. v. Chr. gegründet und im Jahr 746 von einem Erdbeben zerstört. Erst im 19. Jh. begannen archäologische Ausgrabungen, die zur Entdeckung von Siedlungsresten des 2. und 3. Jhs. n. Chr. und einer **Synagoge**

Christen aus der ganzen Welt reisen nach Yardenit, um sich im Jordan taufen zu lassen

führten. Über den Resten eines Wohnhauses, das aufgrund von Inschriften aus dem 3. Jh. n. Chr. für das Haus des Petrus gehalten wird, errichtete man im 5. Jh. das **Petrus-Oktogon.** Die Franziskaner umgaben es 1990 mit einem modernen Kirchenbau aus Beton. In den Boden eingelassene Glasscheiben geben den Blick auf das Wohnhaus frei (tgl. 8–17 Uhr, letzter Einlass 16.30 Uhr, 5 NIS).

EN GEV 8 C2

En Gev ist der größte und bedeutendste Kibbuz in Obergaliläa; von seinem Seeufer blickt man direkt hinüber nach Tiberias. En Gev wurde als Palisadensiedlung 1937 gegründet und zwischen 1948 und 1967 mehrmals von den syrischen Golanhöhen aus beschossen.

Ursprünglich landwirtschaftlich ausgerichtet, profitiert der Kibbuz heute von seiner schönen Lage am Ostufer des Sees. Er verfügt über ein Ferienresort mit einem angrenzenden Strand (Sussita Beach), ein Terrassenrestaurant direkt am Ufer und ein Museum zur Geschichte der Fischerei auf dem See Genezareth.

HOTEL

En Gev Holiday Resort €€

Familienfreundliches Feriendorf mit Zimmern, Apartments und Chalets.

- Tel. 04-665 98 00 | En Gev
  www.eingev.com

RESTAURANT

En Gev Fish Restaurant €€

Man speist auf der großen Gartenterrasse mit weitem Blick über den See. Tgl. 12.30–21/22 Uhr. > **mehr S. 14 Punkt 14**

- Tel. 04-665 81 36 | En Gev

YARDENIT 9 C2

Wo der Jordan aus dem See Genezareth austritt, liegt die 1981 vom Kibbuz Kinneret eingerichtete Taufstelle Yardenit (hebr. *Yarden* = Jordan). In über 50 Sprachen informiert die vom armenischen Künstler Hagop Antreassian gestaltete »Wall of New Life« über Jesu Taufe. Viele Pilger lassen sich von Geistlichen des betriebsamen Zentrums im Jordan taufen (März–Nov. Sa–Do 8–17, Fr 8–15, Dez.–Febr. Sa–Do 8–16, Fr 8–15 Uhr, www.yardenit.com, Eintritt frei, obligatorisches Taufgewand Miete 10 US-$, Kauf 25 US-$. › mehr S. 18 Punkt 39

SAFED 10 C1

Safed ist eine der höchstgelegenen Städte Israels. Unter osmanischer Herrschaft siedelten sich hier Juden aus ganz Europa an. Spanische Juden brachten eine mystische Ausrichtung ihres Glaubens mit, die Kabbala, die sie in Safed etablierten. Wichtige Beiträge dazu leisteten Rabbiner wie Shimon Bar Yochai und Jonathan Ben Usiel. Unter dem Namen »Ari« (hebr. »Löwe«) verfasste der Rabbi Isaak mystische Lehrsätze, die für die Anhänger der Kabbala bis heute große Bedeutung haben. Im Jahr 1837 suchte ein Erdbeben Safed heim, viele Juden verließen die Stadt. Als Palästina britisches Mandatsgebiet war, wohnten in Safed daher überwiegend Araber, die nach 1948 vertrieben wurden. Heute gehört Safed zu den größten jüdischen Städten im Norden Israels.

ZITADELLENHÜGEL

Ein schöner Blick über die Stadt bietet sich vom Burgberg, den man über die breite Treppe Ma'alot Olei Hagardom erklimmt. Sie ist Zeugnis der Konflikte zwischen Juden und Arabern: Die Briten bauten sie 1936 als Grenzlinie zwischen den Wohnvierteln der beiden verfeindeten Parteien. Kleinere Treppen führen weiter hinauf zur **Zitadelle,** um deren Mauerreste herum ein Park angelegt wurde.

SYNAGOGENVIERTEL

An der Südseite des Burgbergs erstreckt sich rund um den Hamaginim Square das alte jüdische Viertel mit Häusern aus dem 16. Jh. und vielen Synagogen, die zumeist nach bedeutenden Rabbinern benannt sind. In der **Ha'ari-Synagoge der Aschkenasim** aus dem 16. Jh. wird Rabbi Ari verehrt. Sehenswert ist der reich verzierte Thoraschrein. In der **Abuhav-Synagoge** etwa 200 m westlich werden die ältesten Schriftenrollen von Safed aufbewahrt.

Der HaYessod Street nordwärts folgend gelangt man zum **Beit Hameiri,** einem kleinen Museum, das die Geschichte der lokalen jüdischen Gemeinde dokumentiert (So–Do 8.30–14.30, Fr 8.30–13.30 Uhr). Abwärts führen Treppen zur **Ha'ari-Synagoge der Sephardim,** Safeds ältester Synagoge. Hier soll Rabbi Ari selbst gelehrt haben. Noch etwas weiter treppab stößt man auf die **Ari Mikve,** ein jüdisches Ritualbad. Am Ende der Ha'ari Street liegt der **alte jüdische Friedhof** mit zahlreichen Gräbern großer Gelehrter.

KÜNSTLERVIERTEL

Im ehemaligen arabischen Viertel am Südhang des Burgbergs haben sich viele Künstler und Kunsthandwerker niedergelassen, die Galerien und Werkstätten unterhalten. In der ehemaligen Moschee finden regelmäßig Ausstellungen statt.

INFOS

Tourist Information

- 17 Alkabetz St. | Safed
  Tel. 04-692 44 27 | www.safed.co.il

HOTELS

Ruth Safed Hotel €€€

Pittoreskes Boutiquehotel in einer ehemaligen Karawanserei mit 80 individuell eingerichteten Zimmern, Pool und Spa.

- Artist Colony Road | Safed
  Tel. 04-699 46 66 | www.danhotels.com

Artist Quarter Guest House €€

Zentral und doch ruhig gelegen, von der Dachterrasse bietet sich ein hervorragender Weitblick.

- Artist Quarter | Safed
  Tel. 054-776 48 77
  www.artistquarterguesthouse.com

RESTAURANT

Tree of Life Cafe €€

Sehr gute vegetarische Küche, selbstgebackene Kuchen, leckere Fruchtshakes und hausgemachte Limonade. Mo–Sa ab 10 Uhr.

- Hamaginim Square | Safed
  Tel. 050-696 02 39

SHOPPING

Safed Candles

Handgefertigte-Kerzen.

- Neben der Ha'ari-Synagoge | Safed
  So–Do 9.15–18.30, Fr 9.15–12.30 Uhr

ROSH PINA 11 C1

Die kleine Stadt ist als Zwischenstopp für Reisen in den Golan beliebt. Sie bietet nicht nur schöne Ausblicke auf das Hula-Tal, sondern besitzt auch eine hübsch restaurierte Altstadt mit netten Cafés und Galerien. In der Nähe liegt der kleine Flughafen Ben Ya'akov. Er wird für militärische Zwecke und Inlandsflüge genutzt. Für Reitfans lohnt ein Besuch der Vered Hagalil Farm.

HOTELS

Pina Balev €€€

Boutiquehotel mit 5 geschmackvoll gestalteten Suiten, reichhaltiges Frühstück.

- 31 Ha-Khalutsim St. | Rosh Pina
  Tel. 04-693 09 70
  www.pinabalev.com

Spa Hotel Mizpe Hayamim €€€

Luxuriöses, sehr schön gelegenes Hotel mit angeschlossener ökologischer Farm und Wellnessangeboten.

- Zwischen Rosh Pina und Safed
  Tel. 04-699 45 55
  www.mizpe-hayamim.com

RESTAURANT

Muscat €€

Bio-Essen bei traumhaftem Blick über den Golan. Tgl. 13.30–24 Uhr.

- Im Spa Hotel Mizpe Hayamim

AKTIVITÄTEN

Vered Hagalil Guest Farm

Halb- bis mehrtägige Reitausflüge in die galiläischen Berge.

- 12385 M. P. Drom Hagolan
  Korazim Junction | Tel. 04-693 57 85
  www.veredhagalil.com

HULA NATURE RESERVE

12 C1

Das im Norden Galiläas gelegene Hula-Tal ist Israels ältestes Naturschutzgebiet › S. 38. Seit die trockengelegten Sümpfe wieder geflutet wurden, legen hier viele Zugvögel auf der Durchreise eine Rast ein. Im Uferschilf nisten Wasservögel wie Pelikane und Graureiher. Ein Bohlenweg führt durch das Reservat, in dessen Mitte ein Beobachtungsturm aufragt. Das Oforia Visitors Center informiert über die Flora und Fauna des Hula-Tals (Sa–Do 8–17, Fr 8–16, Winter Sa–Do 8–16, Fr 8–15 Uhr, Tel. 04-693 70 69, www.parks.org.il, 35 NIS).

QIRYAT SHEMONA 13 C1

Die Stadt an der libanesischen Grenze eignet sich als Basisquartier für Ausflüge in die umliegenden Naturparks. Sie wurde 1949 auf den Ruinen eines arabischen Dorfes gegründet. In den 1980er-Jahren war Qiryat Shemona Ziel von Artillerieangriffen der PLO und später von Raketenabschüssen der Hisbollah. Ein lohnender Ausflug führt nach **Metulla,** einem kleinen Bergdorf an der Grenze zum Libanon.

UNTERKUNFT

Kibbuz Hagoshrim Hotel & Nature €€
Sehr schöne Anlage mit zwei Pools, guter Ausgangspunkt für Touren.
- Östlich von Qiryat Shemona
  Tel. 04-681 6000
  www.hagoshrim-hotel.com

TEL DAN NATURE RESERVE 14 C1

Am Fuß des antiken Siedlungshügels Tell Dan entspringt der Dan, der größte und bedeutendste der drei Jordanquellflüsse. Das wasserreiche, von dichter Vegetation bedeckte Gebiet wurde 1966 unter Naturschutz gestellt. Es lässt sich auf drei Rundwegen erkunden. Ausgrabungen am Tell Dan belegen die Existenz der kanaanitischen Stadt Laish, die später vom jüdischen Stamm Dan erobert wurde. Rekonstruiert wurden ein Stadttor aus kanaanitischer Zeit und eine Kultstätte aus der Regierungszeit König Jerobeams I. (April–Sept. Sa–Do 8–17, Fr 8–16, Okt.–März Sa–Do 8–16, Fr 8–15 Uhr, letzter Einlass 1 Std. vor Schließung, Tel. 04-695 15 79, www.parks.org.il, 28 NIS).

BANIAS NATURE RESERVE

15 C1

Bereits auf dem Gebiet des annektierten Golan entspringt der Banyas (Hermon), der zweitgrößte Quellfluss des Jordan. Etwa 3 km von der Quelle entfernt bildet er einen eindrucksvollen Wasserfall, zu dem ein Fußweg (90 Min.) führt. Auf einem kurzen, aber lohnenden Rundweg (45 Min.) passiert man Relikte aus der Antike (damals befand sich hier die Stadt Caesarea Philippi) und aus der Kreuzfahrerzeit (Öffnungszeiten wie Tel Dan Nature Reserve, Tel. 04-690 25 77, www.parks.org.il, 28 NIS).

VOGELZUG IN ISRAEL

In jedem Jahr fliegen die Zugvögel im Herbst in ihre südlich gelegenen Winterquartiere und kehren, wenn es wieder wärmer wird, in mittlere und nördliche Breiten zurück. Die sog. Langstreckenzieher fliegen von Europa bis nach Mittel- und Südafrika. Dabei vermeiden sie den direkten, gefährlichen Weg über die Meere und bevorzugen den weiteren, risikoärmeren Landweg. Ihre östliche Hauptzugroute führt über Israel, wobei das Jordantal und in seiner Fortsetzung das Wadi Arava den Transitkorridor bilden. Pro Saison durchziehen mehr als 500 Mio. Vögel das Land, teils konzentriert in wenigen Stunden und riesigen Schwärmen. Dieses beeindruckende Naturschauspiel zieht »Birder« aus aller Welt an, die ein breit gefächertes Angebot an ornithologischen Veranstaltungen vorfinden, von geführten Birdwatchingtouren über Fotoworkshops bis zur Teilnahme an der Beringung von Jungvögeln zu Forschungszwecken.

Zu den durchreisenden Gästen gehören große Greifvögel wie Schreiadler und diverse Geierarten, Sperber, Weiß- und Schwarzstörche und Pelikane, aber auch Schwärme kleinerer Singvögel wie Schwalben. Nicht nur europäische Vogelarten, auch Adler aus Asien und Russland wählen die östliche Route, um in ihr Winterquartier zu gelangen. Hinzu kommen Arten wie der Graufischer, die im Norden des Landes überwintern. Auch die in Israel heimischen

Kraniche lieben Kichererbsen, weswegen Israels Bauern froh sind, wenn sie weiterziehen

Vogelarten – u.a. Einödgimpel, Saharasteinschmätzer oder Steppenkragentrappe – lassen das Herz von Vogelkundlern höher schlagen. Unter www.birds.org.il findet man Infos zur Sichtung spezieller Arten.

HOTSPOTS FÜR BIRDWATCHER

Herausragende Beobachtungsorte für Zugvögel in Israel sind im Norden das Hula- und Jordantal und im Süden das Wadi Arava sowie das Naturreservat Eilat Mountains. Besonders im Süden Israels ruhen sich von Ende Februar bis Anfang Mai die Zugvögel auf ihrer Heimreise aus. Sie finden z.B. in den Teichanlagen nördlich von Elat nahrungsreiche Rastplätze. Bekannt für ihren Artenreichtum sind auch die Fischteiche von Maagan Michael an der Mittelmeerküste, das En-Gedi-Reservat und der En-Avdat-Nationalpark am Toten Meer. Die Webseite www.birds.org.il listet alle relevanten Orte zur Vogelbeobachtung in Israel.

VOGELBEOBACHTUNGSREISEN

In Deutschland organisiert der Veranstalter **Birdingtours** in Kooperation mit dem NABU Reisen mit ornithologischem Schwerpunkt. In Israel ist der **Kibbuz Kfar Ruppin** in der Nähe von Bet Shean auf Vogelbeobachtung spezialisiert. Er ist zugleich Sitz des International Birdwatching Center of the Jordan Valley Israel, das Vögel beringt und Flugdaten auswertet. Auch im **Kibbuz Lotan** im Wadi Arava kann man mit Experten auf Pirsch gehen, um Vögel zu beobachten. Der Kibbuz unterhält ein eigenes Vogelreservat.

Beobachtungsstation im Hula-Tal, einem wichtigen Rastplatz für Zugvögel

- **Birdingtours**
  Kreuzmattenstr. 10a
  79423 Heitersheim
  Tel. 076 34/504 98 45
  www.birdingtours.de
- **Kibbuz Kfar Ruppin** C2
  Tel. 050-676 89 87
  www.birdwatching.org.il
- **Kibbuz Lotan** B7
  Tel. 054-979 90 30
  www.kibbutzlotan.com

ZUGVOGELFESTIVALS

Birdwatcher aus der ganzen Welt treffen sich alljährlich im Frühjahr beim **Eilat Birds Festival** (www.eilatbirdsfestival.com) und im November beim **Hula Bird Festival** (wwwbirds.org.il). Eine Woche lang führen dann israelische Ornithologen kleine Gruppen zu den besten Vogelbeobachtungsplätzen, abends finden Vorträge statt, und es gibt Gelegenheit zum Informationsaustausch unter Experten.

 Karte S. 105

BURG NIMROD 16 C1

Die Festung thront auf einem Bergrücken an den Ausläufern des Mount Hermon. Sie wurde im Jahre 1228 von Saladins Neffen Al-Aziz Othman erbaut, um den Vormarsch des Stauferkönigs Friedrich II. nach Damaskus aufzuhalten. Ein Besuch lohnt schon wegen der herrlichen Aussicht (April–Sept. Sa–Do 8–17, Fr 8–16, Okt.–März Sa–Do 8–16, Fr 8–15 Uhr, letzter Einlass 1 Std. vor Schließung, Tel. 04-694 92 77, www.parks.org.il, 22 NIS).

BELVOIR 17 C2

Belvoir (Kokhav HaYarden National Park) ist eine der am besten erhaltenen Kreuzfahrerfestungen Israels. Wo sich schon im 3. Jh. eine jüdische Siedlung befand, erbauten französische Templer 1140 die Burg, um sie 1168 den Johannitern zu übergeben. 20 Jahre später fiel sie in die Hände Saladins. 1963 wurde Belvoir restauriert. Ein tiefer Graben umgibt die Festung, von der heute noch die mächtigen Ecktürme, mehrere Gebäude und das Refektorium erhalten sind (April–Sept. Sa–Do 8–17, Fr 8–16, Okt.–März Sa–Do 8–16, Fr 8–15 Uhr, letzter Einlass 1 Std. vor Schließung, Tel. 06-658 17 66, www.parks.org.il, 22 NIS).

BET SHEAN 18 ★ C2

Bet Shean hat eine lange Geschichte. Bereits im 15. Jh. v. Chr. bauten die Ägypter die Stadt am Fuß des Tell Bet Shean zur Festung aus. Im 11. Jh. stellten die Philister nach der Schlacht am Berg Gilboa hier die Leiche des besiegten Königs Saul zur Schau. Erst König David gelang es, die Stadt für die Juden zurückzuerobern. In der hellenistischen Ära trug Bet Shean den Namen Skythopolis; 63 n. Chr. wurde es unter römischer Herrschaft Mitglied des 10-Städte-Bunds Dekapolis und erlebte eine Blütezeit, die sich in eindrucksvollen Monumentalbauten niederschlug. 636 eroberten die Araber die Stadt und nannten sie Beisan, 749 wurde sie durch ein Erdbeben zerstört. Nach 1948 gaben die Israelis dem Dorf Beisan wieder den Namen Bet Shean.

Die eindrucksvollen Ruinen des antiken Bet Shean liegen nördlich der heutigen Stadt im gleichnamigen Nationalpark. Unweit des Eingangs steht rechts das **römische Theater.** Linker Hand erstreckt sich der Komplex der **byzantinischen Thermen** mit Resten von Bodenmosaiken. Am Theater beginnt die **Via Palladius,** eine 150 m lange Kolonnadenstraße, deren Endpunkt einst der **Dionysostempel** bildete (April–Sept. Sa–Do 8–17, Fr 8–16, Okt.–März Sa–Do 8–16, Fr 8–15 Uhr, letzter Einlass 1 Std. vor Schließung, Tel. 06-658 71 89, www.parks.org.il, 28 NIS).

UNTERKUNFT

Bet Shean Guest House €
Einfaches, großes Haus an der Hauptstraße mit 62 Räumen, auch Familienzimmer, Pool.
• 129 Menachim Begin Ave.
Bet Shean | Tel. 02-594 56 44
www.iyha.org.il

TOUR IM JORDANTAL & IN DER WESTBANK

TOUR 7

NACH RAMALLAH

Belvoir > Bet Shean > Nablus > Jericho > Ramallah

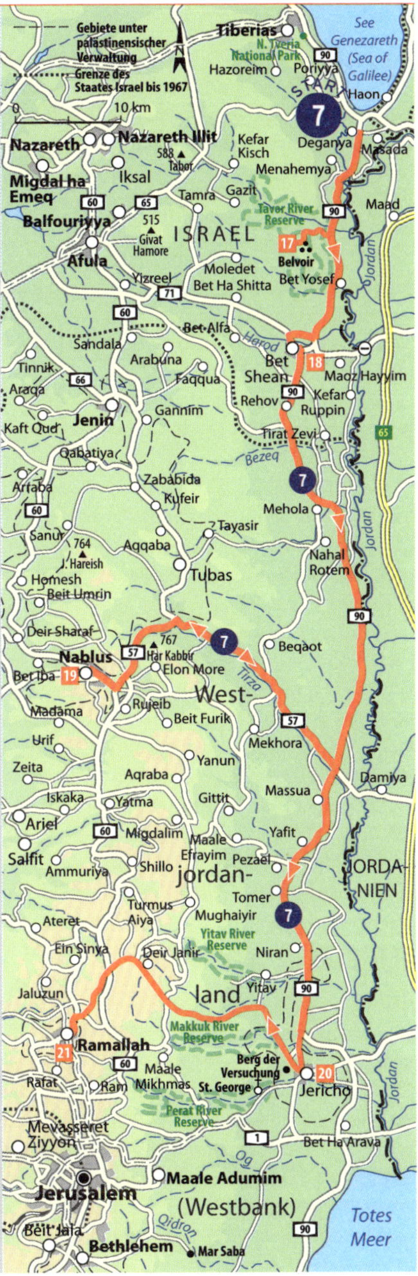

NABLUS 19 B3

Nablus gilt genau wie Hebron als ein Zentrum des palästinensischen Nationalismus. Seit 1400 Jahren ist die Stadt muslimisch, Juden bildeten hier immer eine Minderheit. Nablus besitzt eine alte **Kasbah,** zahlreiche Moscheen, Cafés und Basare. Es ist zudem Heimat der Samaritaner, einer Religionsgemeinschaft, die sich vor mehr als zweieinhalb Jahrtausenden vom Judentum abspaltete. Die Gemeinde besteht heute aus etwa 380 Mitgliedern, ihr Heiligtum ist der **Berg Garizim** 3 km südöstlich der Stadt. Der Überlieferung der Samaritaner nach hätte an diesem Ort Abraham seinen Sohn Isaak opfern sollen. Jedes Jahr im März/April feiern die Samaritaner auf dem Garizim ihr Pessach-Fest und schlachten dabei nach den Regeln des Alten Testaments viele Lämmer. Zu sehen sind auf dem Berg noch die Reste eines Jupitertempels; ein kleines **Museum** informiert über die Gebräuche der Religionsgemeinschaft (So–Do 9–16, Fr 9–14 Uhr, 15 NIS).

JERICHO 20 ★ C4

Jericho gilt als eine der ältesten ununterbrochen bewohnten Städte der Welt. Im Laufe seiner 10 000-jährigen Geschichte wurde es mindestens ein Dutzend Mal zerstört – ein Wiederhall davon findet sich in der biblischen Überlieferung, nach der Josuas Posaunen die Stadtmauern zum Einsturz brachten. Dies soll im 13. Jh. v. Chr. geschehen sein – im 9. Jh. wurde die Stadt unter König Ahab wieder aufgebaut. Der Römer Marcus Antonius schenkte die Oase Jericho im 1. Jh. v. Chr. seiner Geliebten Kleopatra, die sie wiederum König Herodes vermachte. Unter den arabischen Kalifen erlebte Jericho im 7. und 8. Jh. als Bezirkshauptstadt noch einmal eine Blüte. Damals entstand der **Hisham-Palast** im Norden der Stadt, von dessen einstiger Pracht die gut erhaltenen Mosaiken des Badehauses und kunstvoll dekorierte runde Maßwerkfenster aus dem Obergeschoss zeugen (tgl. 8–17 Uhr, 15 NIS).

Nach 1948 flohen viele Palästinenser nach Jericho. 1967 besetzten israelische Truppen die Stadt. Erst nach dem Gaza-Jericho-Abkommen von 1993 erlebte sie wieder einen Aufschwung. Am 5. Juli 1994 vereidigte Yassir Arafat die 18 Mitglieder der ersten palästinensischen Regierung, und Jericho wurde Sitz der Palestinian Authority. Den Rang als Regierungssitz lief ihm dann aber 1997 Ramallah ab.

TELL ES-SULTAN

Jerichos bedeutendste Sehenswürdigkeit ist der im Norden der Stadt liegende Tell es-Sultan, nach Bethlehem die zweite Welterbestätte auf palästinensischem Gebiet. Hier ans Tageslicht gebrachte Ausgrabungsfunde decken einen Zeitraum von 10 000 Jahren ab. Vom Aussichtspunkt blickt man auf ein 9000 Jahre altes Stück Stadtbefestigung und einen 9 m hohen Rundturm, die ältesten zurzeit bekannten Steinbauten der Welt (tgl. 8–17 Uhr).

Im orthodoxen Kloster am Berg der Versuchung lebt heute nur noch ein Mönch

BERG DER VERSUCHUNG

Neben dem Eingang zum Tell es-Sultan befindet sich die Talstation einer Seilbahn, die Besucher auf den Berg der Versuchung bringt. Hier soll der Teufel Jesus in Versuchung geführt haben, als dieser 40 Tage lang fastete. Am Felshang über der Höhle, in der Jesus seine Fastenzeit verbrachte, wurde 1905 das griechisch-orthodoxe **Kloster der Versuchung** errichtet. Von der Terrasse der Bergstation aus genießt man einen schönen Blick über Jericho (tgl. 8.30–20 Uhr, www.jericho-cablecar.com, 16 NIS Hin- und Rückfahrt).

RAMALLAH 21 B3

Ramallah ist mit Jericho und Jerusalem zwar durch gute Straßen verbunden, Besucher müssen wegen der Kontrollen an den israelischen Checkpoints aber mit langen Staus rechnen. Aufgrund seiner Lage in 870 m Höhe war Ramallah früher ein beliebter Luftkurort für Araber aus ganz Nahost. 1967 wurde die Stadt während des Sechstagekriegs von Israel besetzt. Nach ihrer Übergabe an die Palästinensische Autonomiebehörde 1994 erlebte sie einen Aufschwung; mit den NGOs kam auch internationales Publikum. Seit 1997 ist Ramallah Verwaltungshauptstadt des zukünftigen Palästinenserstaats und Sitz des Präsidenten. Yassir Arafat wurde 2004 auf dem Gelände der Muqataa, seines Hauptquartiers, beigesetzt. Zentrum der Stadt ist der belebte **Arafat-Platz** nahe der Altstadt. Beim Bummel wird der Unterschied zwischen dem international geprägten, kulturell ambitionierten Ramallah und den anderen palästinensischen Städten der Westbank deutlich.

JERUSALEM

Der Souk in Jerusalems Altstadt verbreitet die Atmosphäre eines orientalischen Basars

Juden, Muslimen und Christen ist Jerusalem gleichermaßen heilig, keine andere Stadt in Israel besitzt so viele symbolträchtige Orte. Vor allem mit dem Tempelberg sind für alle drei Religionen wichtige Ereignisse verbunden.

Jerusalem liegt etwa 800 m hoch am Rand der judäischen Berge, es besitzt keinen Hafen, keine nennenswerte Industrie und auch keinerlei Bodenschätze. Aber es ist eine Stadt mit großer Geschichte und für Juden, Muslime und Christen gleichermaßen von enormer religiöser Bedeutung. Jerusalems große Touristenattraktionen, Klagemauer, Grabeskirche, Felsendom und Al-Aqsa-Moschee, sind Teil der von Israel annektierten ummauerten Altstadt, die bis 1967 noch zu Jordanien gehörte. Man betritt ihr Gassengewirr durch sieben Stadttore, das achte, das Goldene Tor, wurde im 16. Jh. zugemauert. Warum das geschah, ist umstritten; Legenden zufolge sollte Ungläubigen mit der Schließung der Zutritt zum Tempelberg bzw. dem Messias die Rückkehr nach Jerusalem verwehrt werden.

Im Lauf der Geschichte haben sich in der Altstadt vier Quartiere unterschiedlichen Charakters herausgebildet: Das muslimische Viertel ist das größte. Es umfasst neben dem Tempelberg und der Via Dolorosa einen der bedeutendsten Souks des Nahen Ostens. Die Gebäude des Jüdischen Viertels wurden erst nach 1967 teilweise auf alten Ausgrabungen, jedoch in ihrer Mehrzahl als Neubauten errichtet. Touristischer Höhepunkt des christlichen Viertels ist die von sechs Religionsgemeinschaften verwaltete Grabeskirche. Das im Südwesten der Altstadt gelegene armenische Viertel ist das ruhigste und beschaulichste.

Westjerusalem, seit 1949 die Hauptstadt Israels, birgt all jene Sehenswürdigkeiten, die nach der Staatsgründung erbaut wurden. Hier liegen das politische und das kulturelle Zentrum der Stadt. Östlich der Altstadt befinden sich die muslimischen Wohnviertel. Lohnende Besichtigungsziele sind das Kidrontal und der Ölberg mit dem Garten Gethsemane.

Der Besucher profitiert von den Gegensätzen, die das Leben in der Stadt bestimmen: Er hat die Wahl zwischen einem koscheren Menü oder einem arabischen Snack auf die Hand, zwischen einfachen Unterkünften und noblen Hotels, zwischen Kulturgenuss in einem der Museen oder einem Einkaufsbummel in der schicken Mamilla Mall, zwischen einem Theaterbesuch oder einer letzten Runde im warmen Abendwind, zwischen den modernen Shoppingmeilen der Neustadt und dem arabischen Basar am Damaskustor, zwischen dem Eintauchen in das verrückte »Holy Land Business« und Momenten stiller religiöser Besinnung.

TOUREN IN JERUSALEM ★ 6

TOUR 8

MUSLIMISCHES VIERTEL

ROUTE: Damaskustor > Geißelungskapelle > Verurteilungskapelle > St.-Anna-Kirche > Teich Bethesda > Kirche der Zionsschwestern (Ecce-Homo-Basilika) > Klagemauer > Tempelberg > Dungtor

KARTE: Seite 115
DAUER/LÄNGE: 1 Tag; ca. 1,5 km
PRAKTISCHE HINWEISE:
- Die Altstadt von Jerusalem mit ihren engen Gassen erkundet man am besten zu Fuß.
- Für den Besuch der Klagemauer ist eine Kopfbedeckung erforderlich.
- Ein Besuch des virtuellen Tempelbergmodells im Davidson Center muss vorher telefonisch angemeldet werden > S. 113.

TOUR-START:

Der Rundgang beginnt am mächtigen **Damaskustor** 1 b1, durch das Besucher das Muslimische Viertel betreten. Das Quartier, das sich in südöstlicher Richtung bis an den Tempelberg erstreckt, besticht durch sein orientalisches Flair: Die engen Gassen sind gesäumt von Verkaufsständen, kleine Lokale locken mit ihren Köstlichkeiten, Kinder spielen auf der Straße. Durch das ganze Viertel zieht der Duft orientalischer Gewürze und frischer Backwaren. > mehr S. 14 Punkt 15 und S. 16 Punkt 28

GEISSELUNGSKAPELLE 2 c2

Wenige Meter hinter dem Damaskustor zweigt die El Wad Road und von dieser wiederum die Sheikh Reihan Street ab, über die man zur Geißelungskapelle gelangt. Das heutige Gotteshaus stiftete Herzog Maximilian von Bayern im Jahr 1929. Seine Fenster stellen die Geißelung Jesu dar und zeigen Pontius Pilatus und Barrabas. Die **Verurteilungskapelle** 3 c2 im gleichen Innenhof soll genau über dem Ort errichtet worden sein, an dem Pontius Pilatus das Urteil über Jesus sprach (April–Sept. tgl. 8–18, Okt.–März 8–17 Uhr).

ST.-ANNA-KIRCHE 4 d1

An der östlichen Stadtmauer liegt nicht weit vom Löwentor entfernt die St.-Anna-Kirche, eine der besterhaltenen Kreuzfahrerkirchen des Landes. Sie wurde im 12. Jh. zu Ehren der Mutter Marias errichtet. Der romanische Bau hat eine großartige Akustik (April–Sept. Mo–Sa 8–12, 14–18, So und Okt.–März bis 17 Uhr, 10 NIS).

An die Kirche grenzt der **Teich Bethesda** 5 d1, eine Doppelzisterne aus der Makkabäerzeit. Hier soll Jesus am Sabbat einen Lahmen geheilt und damit den Zorn der Schriftgelehrten erregt haben.

KIRCHE DER ZIONSSCHWESTERN

6 c2

Über die Via Dolorosa führt der Weg zurück zur El Wad Road. Dabei passiert man den **Ecce-Homo-Bogen,** an dem Pilatus den verurteilten Jesus mit den Worten »Sehet, (welch) ein Mensch!« der aufgebrachten Menge präsentierte. Der Bogen wurde vermutlich später von Kaiser Hadrian errichtet. Daneben steht die auch **Kirche der Zionsschwestern** genannte Ecce-Homo-Basilika. Den Boden ihrer Krypta, den Lithostrotos, ordnet die christliche Überlieferung dem Hof der Antonia-Festung zu, in dem Pilatus Christus verurteilte. Tatsächlich handelt es sich um einen Rest des unter Hadrian angelegten Forums. Ins Pflaster eingraviert sind Markierungen für Würfelspiele, mit denen sich wohl römische Soldaten die Zeit vertrieben (tgl. 8–17 Uhr, 9 NIS).

RESTAURANT

Abu Shukri €

Ideal für eine Pause – hier wird guter Hummus serviert. Köstlich dazu: frisch gepresster Granatapfelsaft. So–Fr 8.30–16.30 Uhr.
• 63 El Wad Rd. | Jerusalem

KLAGEMAUER 7 ★ c3

Auf der El Wad Road südwärts gehend erreicht man in kurzer Zeit die Western Wall Plaza. Dieser Platz entstand nach dem Sechstagekrieg durch den Abriss arabischer Altstadthäuser. An seiner Ostseite erhebt sich das wichtigste Heiligtum der Juden, die Klagemauer. Ihre mächtigen Kalksteinquader sind Teil einer Stützmauer, die von Herodes dem Großen im Zug der Erweiterung des Tempelbergs angelegt wurde. Sie schloss das Areal im Westen ab, weswegen sie im Hebräischen *ha kotel ha maaravi* (westliche Mauer) oder auch nur kurz *kotel* (Mauer) genannt wird.

VIA DOLOROSA

Sie ist für Christen die heiligste Straße auf Erden: die Via Dolorosa. Daran ändert auch der Umstand nichts, dass der Weg Jesu vom Gerichtshof zum Felsen Golgatha nicht historisch gesichert ist. Erst im 14. bzw. 15. Jh. haben sich die christlichen Konfessionen auf diese Streckenführung und insgesamt 14 Stationen geeinigt, obwohl in der Bibel nur acht erwähnt werden.

Wer die ganze Via Dolorosa abgehen möchte, benötigt für die ca. 500 m lange Strecke etwa 30 Minuten. Orientieren kann man sich an den mit römischen Ziffern versehenen Hinweisschildern und Tafeln.

Die Via Dolorosa ist ein Wallfahrtsort gläubiger Christen. Sie führt aber auch – wie schon zu Lebzeiten Jesu – durch belebte Einkaufsstraßen. Wer sich an dem Treiben stört, sollte die Via Dolorosa am frühen Morgen ablaufen. Jeden Freitag ab 14.30 Uhr führen Franziskanermönche eine Prozession mit Kreuz durch die Via Dolorosa. An der großen Karfreitagsprozession nehmen jedes Jahr Tausende von Gläubigen aus aller Welt teil.

An der Klagemauer beten Männer und Frauen durch Absperrgitter voneinander getrennt. Schwarz gekleidete Chassidim wiegen sich im Gebet hin und her, andere lesen an Stehpulten aus der Thora. Die religiöse Bedeutung des Ortes erschließt sich am besten bei einem Besuch am Freitagabend. Dann strömen aus den angrenzenden Vierteln festlich gekleidete Juden herbei und versammeln sich hier, um den Sabbat zu begrüßen (rund um die Uhr frei zugänglich, www.thekotel.org).

TEMPELBERG

Die über 18 m hohe Klagemauer grenzt den Tempelberg in Richtung Westen ab. Sie stützt das Plateau, auf dem Salomo um 950 v. Chr. den Ersten Tempel und die Juden nach ihrer Rückkehr aus Babylon um 400 v. Chr. den Zweiten Tempel errichtet hatten, den Herodes monumental ausbaute und Kaiser Titus 70 n. Chr. zerstörte. Seit dem 7. Jh. stehen hier mit dem Felsendom und der Al-Aqsa-Moschee die nach Mekka und Medina wichtigsten muslimischen Heiligtümer.

Nichtmuslime dürfen nur den Tempelplatz, nicht aber die heiligen Stätten betreten. Der Zugang erfolgt vom Vorplatz der Klagemauer aus über den hölzernen Steg zum Bab Al-Mughrabi, dem Marokkanertor (im Sommer So–Do 8.30–10.30, 13.30–14.30, im Winter 7.30–10.30, 12.30–13.30, Ramadan kürzer, weitere flexible Schließungen während und nach Gebetszeiten, dezente Kleidung und Pass erforderlich).

FELSENDOM 8 c2

Der achteckige Felsendom mit seiner weithin sichtbaren goldenen Kuppel ist Jerusalems Wahrzeichen. Kalif Malik erbaute ihn 687–691 über dem Felsen, von dem der Prophet Mohammed mit seiner Stute Al-Burak in den Himmel ritt (Juden und Christen verehren ihn als den Ort, an dem Abraham Isaak opfern wollte und an dem im Ersten Tempel die Bundeslade stand). Die Außenwände des Baus sind mit Marmor sowie türkisfarbenen und blauen Fliesen verkleidet. Die erste Koransure umläuft als kalligrafisches Meisterwerk das Oktagon. Nichtmuslime dürfen den Felsen-

GOTTES BRIEFKASTEN

Zwischen den mächtigen Quadern der Klagemauer stecken viele Zettelchen (sogenannte Kvittelchen), auf denen fromme Juden ihre Wünsche und Bitten an den Herrn richten. Das Rabbinat der Klagemauer sammelt diese Zettel zweimal jährlich ein und bestattet sie auf dem Ölberg. Die Homepage www.thekotel.org stellt ein Formular bereit, über das Menschen aus aller Welt ihre Gebete auf elektronischem Weg nach Jerusalem schicken können (»Send a note to the Kotel«). Mitarbeiter des Rabbinats drucken die Bitten aus und bringen sie zur Klagemauer.

Der Felsendom sah viele Herrscher, wurde seit seinem Bau aber nicht wesentlich verändert

dom nicht betreten, erhaschen aber durch die geöffneten Türen einen Blick ins Innere: Der Kuppelbau wird von zwei Säulenreihen getragen, die den Heiligen Felsen umgeben. Eine Treppe führt in eine »Bir Al-Arwah« (»Brunnen der Seele«) genannte Höhle, in der sich der Legende nach die Seelen der Toten versammeln. Ein Schrein an der Treppe zeigt einen Fußabdruck sowie Barthaare des Propheten.

AL-AQSA-MOSCHEE 9 c/d3

Jerusalems größte Moschee mit Platz für 5000 Gläubige wurde 705–715 von Kalif Abdul Walid erbaut, dem Sohn Maliks. Die Kreuzritter nutzten sie als Residenz, bis Sultan Saladin sie nach der Rückeroberung Jerusalems 1187 wieder ihrer ursprünglichen Funktion zuführte. Heute ist die Al-Aqsa-Moschee die zentrale Gebetsstätte der palästinensischen Muslime, Nichtmuslime haben keinen Zutritt.

ARCHÄOLOGISCHER PARK

10 c3

Neben dem Dungtor führt eine Treppe in den Archäologischen Park, in dem neben byzantinischen Häusern und den Resten eines Omaijadenpalasts auch der Robinson Arch freigelegt wurde, ein Bogen der Brücke zum Tempelplatz. Im Davidson Center sind Ausgrabungsfunde und eine virtuelle Rekonstruktion des Tempelbergs zu sehen (So–Do 8–18, Fr 8–14 Uhr, Besichtigung des virtuellen Modells und englischsprachige Touren nur nach Anmeldung, Tel. 02-626-59 06, www.rova-yehudi.org.il, 30 NIS).

Karte S. 115

TOUR 9

VOM JAFFATOR ZUM BERG ZION

ROUTE: Jaffator › Zitadelle › Grabeskirche › Erlöserkirche › Armenisches Viertel › Cardo › Herodianisches Viertel › Berg Zion

KARTE: Seite 115
DAUER/LÄNGE: 1 Tag; ca. 1,5 km
PRAKTISCHE HINWEISE:

- Auf die Mauern der Zitadelle werden abends Licht-Shows projiziert (Night Spectacular, King David).
- Wer die Grabeskirche frühmorgens besucht, vermeidet lange Wartezeiten vor dem Heiligen Grab.
- Die Jakobuskirche im armenischen Viertel ist nur während der Messe zugänglich (tgl. 15–15.40 Uhr).

TOUR-START:
ZITADELLE 11 a3

Die auch als Davidsturm bekannte Zitadelle am **Jaffator** wurde vermutlich unter Herodes erbaut und im Lauf der Jahrhunderte mehrfach erneuert. Heute ist hier das **Tower of David Museum** untergebracht, das mit Modellen und Multimediapräsentationen die Geschichte Jerusalems dokumentiert. Von den Mauern bieten sich schöne Ausblicke auf die Altstadt und nach Westjerusalem (So–Do, Sa 9–16, Fr 9–14 Uhr, Führungen auf Englisch So–Do 11 Uhr, www.tod.org.il, 40 NIS).

GRABESKIRCHE 12 ★ b2

Das Zentrum des christlichen Viertels bildet die Grabeskirche. Sie erhebt sich über dem Ort von Christi Kreuzigung, Grablegung und Auferstehung. Die von Kaiser Konstantin 326–335 errichtete Kirche wurde im Lauf der Jahrhunderte mehrfach umgebaut und erweitert. Sechs christliche Konfessionen teilen sich die labyrinthische Ansammlung von Treppen, Gängen, Altarnischen und Kapellen. Weil aus dieser Koexistenz auf engem Raum immer wieder Streitigkeiten resultieren, verwaltet seit Jahrhunderten eine muslimische Familie die Schlüssel.

Zentrum der Kirche ist das aufwendig renovierte Heilige Grab in der Engelskapelle. Hier bedeckt eine Marmorplatte die Stelle, auf die der Leichnam Jesu gebettet wurde. Im Vorraum kann man den Stein betrachten, auf dem der Engel die Auferstehung Jesu verkündet haben soll. Das Heilige Grab ist die letzte Station der Via Dolorosa (April–Aug. tgl. 5–21, Sept. 5–20.30, Okt. 5–20, Nov.–März 4–19 Uhr).

ERLÖSERKIRCHE 13 b2/3

Etwas südlich der Grabeskirche steht die evangelische Erlöserkirche. Sie wurde am Reformationstag 1898 durch Kaiser Wilhelm II. eingeweiht und nach Zerstörungen im Unabhängigkeits- und Sechstagekrieg in den 1970er-Jahren vollständig renoviert. Vom 46 m hohen Turm bietet sich ein schöner Blick über die Altstadt (Mo–Sa 10–17 Uhr, www.evangelisch-in-jerusalem.org, Eintritt frei, Turm 15 NIS).

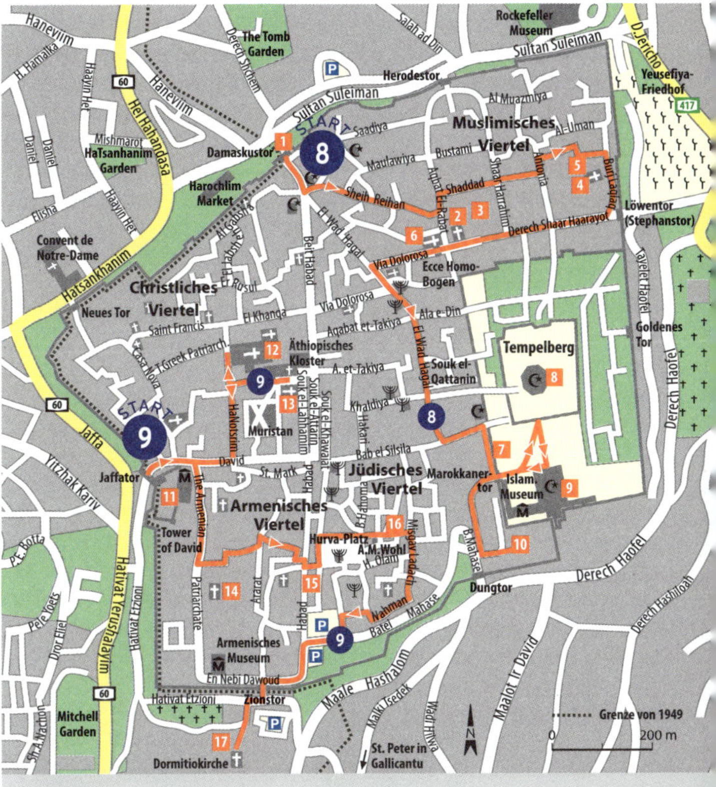

TOUREN IN DER ALTSTADT

TOUR 8

MUSLIMISCHES VIERTEL

1 Damaskustor
2 Geißelungskapelle
3 Verurteilungskapelle
4 St.-Anna-Kirche
5 Teich Bethesda
6 Kirche der Zionsschwestern
7 Klagemauer
8 Felsendom
9 Al-Aqsa-Moschee
10 Archäologischer Park

TOUR 9

VOM JAFFATOR ZUM BERG ZION

11 Zitadelle / Tower of David Museum
12 Grabeskirche
13 Erlöserkirche
14 St.-Jakobus-Kirche
15 Cardo
16 Verbranntes Haus
17 Berg Zion

Karte S. 115

ARMENISCHES VIERTEL

Zwischen Jaffa- und Zionstor erstreckt sich das kleine armenische Viertel der Altstadt. In diesem sehr ruhigen Quartier ohne Geschäfte und Cafés leben rund 1000 armenische Christen, deren Vorfahren aus der Türkei nach Palästina flüchteten. Das spirituelle Zentrum bilden die Residenz des armenisch-orthodoxen Patriarchats und die **St.-Jakobus-Kirche** 14 b4, eines der ältesten Gotteshäuser Jerusalems. In einer Seitenkapelle soll der Kopf des von Herodes Agrippa hingerichteten Apostels Jakobus beigesetzt sein (Besichtigung nur während der Messe, tgl. 15–15.40 Uhr).

CARDO 15 b3

Der in den 1970er-Jahren entdeckte Cardo war in römisch-byzantinischer Zeit eine der Hauptstraßen der Stadt. Er wurde auf einer Länge von 200 m freigelegt, ein Teil davon ist begehbar. Heute wie damals säumen die Straße Arkadengänge mit Geschäften, in denen man vor allem Judaika erwerben kann (So–Do 9–18/19, Fr 9–13 Uhr).

HERODIANISCHES VIERTEL

Östlich des Cardo lag das Herodianische Wohnviertel. Im **Archäologischen Museum Wohl** (1 Ha Karaim St.) wurden sechs Wohnhäuser freigelegt, die aus der Regierungszeit des Herodes stammen. Mosaiken und Bäder zeugen vom Wohlstand ihrer Bewohner. Eine reiche Familie lebte vermutlich auch im 70 n. Chr. zerstörten **Verbrannten Haus** 16 c3 (2 Ha Karaim St.). Haushalts- und Kultgegenstände dokumentieren die Geschichte von Kathros House (beide Museen Sommer So–Do 9–18, Winter 9–17, Fr 9–13 Uhr, www.rova-yehudi.org.il, jeweils 20 NIS, Kombiticket Herodianisches Viertel 75 NIS).

SPAZIERGANG AUF DER STADTMAUER

Bei einem Spaziergang auf der Stadtmauer (Ramparts Walk) kann man die Jerusalemer Altstadt aus der Vogelperspektive betrachten. Es gibt zwei verschiedene Wege: Die etwas längere (ca. 2 km) nördliche Variante führt vom Jaffator über das Damaskustor zum Löwentor. Von diesem Mauerabschnitt aus kann man das Treiben in den Gassen des muslimischen Viertels beobachten, überblickt aber auch die Neustadt und Ostjerusalem. Bei der südlichen Variante läuft man vom Jaffator über das Zionstor zum Dungtor. Dieser Spaziergang eröffnet Einblicke in das Armenische Viertel und gibt Gelegenheit, die Bauten auf dem Tempelberg vor dem Hintergrund des Ölbergs zu fotografieren.

Der Spaziergang auf der Stadtmauer erfordert festes Schuhwerk und ein wenig Kondition, denn es müssen relativ steile Auf- und Abstiege bewältigt werden. Eintrittskarten sind bei der Touristeninformation neben dem Aufgang am Jaffator erhältlich (Sa–Do 9–16, Fr 9–14 Uhr, 18 NIS, der nördliche Abschnitt des Mauerwegs bleibt freitags geschlossen).

BERG ZION 17 b4

Ein kurzer Spaziergang führt durch das jüdische Viertel zum Zionstor. Außerhalb der Stadtmauer erhebt sich diesem gegenüber der Berg Zion. In der 1910 geweihten **Dormitiokirche** verehren Katholiken den Ort, an dem Maria starb und in den Himmel auffuhr (Mo–Sa 8.30–18, So 12.30–18 Uhr).

Nicht weit entfernt führt eine Treppe zum **Coenaculum,** dem vermuteten Ort des letzten Abendmahls (tgl. 8–18 Uhr). Unterhalb des Abendmahlsaals befindet sich das **Davidsgrab.** Am Osthang des Bergs erinnert die Kirche **St. Peter in Gallicantu** (St. Peter zum Hahnenschrei) an die dreimalige Verleugnung Jesu durch Petrus (Mo–Sa 8.30–17 Uhr, 10 NIS).

TOUR 10

WESTJERUSALEM

ROUTE: Yad Vashem > Knesset > Mea Shearim > Alrov Mamilla Avenue > King David Hotel

KARTE: Seite 116
DAUER/LÄNGE: 1 Tag; ab Altstadt ca. 12 km
PRAKTISCHER HINWEIS:

- Zur Knesset und zum Israel Museum verkehren die Egged-Busse Nr. 7, 7A, 9, 14, 35 und 66.
- Die Straßenbahnlinie 1 fährt den Herzlberg an.

TOUR-START:
YAD VASHEM 18 ★

Auf der Westseite des Herzlbergs liegt Yad Vashem, die nationale Gedenkstätte für die 6 Mio. Juden, die dem Naziterror zum Opfer fielen. Besonders ergreifend ist das **Children's Memorial,** das an die 1,5 Mio. ermordeten Kinder erinnert. Durch das Anpflanzen von Bäumen an der **Allee der Gerechten** werden jene geehrt, die verfolgten Juden unter Einsatz ihres Lebens mutig beistanden. Das **Holocaust History Museum** dokumentiert die Geschichte der Shoah (Har Hazikaron, So–Mi 8.30–17, Do 8.30–20, Fr, Fei 8.30–14 Uhr, letzter Einlass 1 Std. vor Schließung, nicht unter 10 Jahren, www.yadvashem.org, Eintritt frei).

KNESSET 19 a2

Über den Herzl Boulevard gelangt man in das parkähnlich angelegte Regierungsviertel Kiryat Ben Gurion. Hier steht an der Eliezer Kaplan Street die Knesset, das 1966 errichtete Parlamentsgebäude. Mosaiken und Wandteppiche von Chagall schmücken die Eingangshalle, vor der Knesset steht ein 6 m hoher Menora-Leuchter aus Bronze, ein Werk von Benno Elkan (Führungen in deutscher Sprache So und Do 8.30 Uhr, Pass erforderlich, www.knesset.gov.il, Eintritt frei).

ISRAEL MUSEUM 20 ★ a3

Das bedeutendste Museum des Landes zeigt in mehreren Pavillons archäologische Fundstücke, Judaika sowie alte und neue Kunst. Im

Die Halle der Namen in Yad Vashem zeigt 600 Porträts von Opfern des Holocaust

Schrein des Buches werden die 1947 bei Qumran am Toten Meer gefundenen Schriftrollen mit Texten aus dem biblischen Buch Jesaja ausgestellt. › mehr S. 16 Punkt 27 Sehr aufschlussreich ist das große Jerusalem-Modell im Außengelände, das die Stadt im Jahr 66 n. Chr. zeigt. Im **Billy Rose Art Garden** stehen Skulpturen von Rodin, Moore und Picasso (So, Mo, Mi, Do 10–17, Di 16–21, Fr 10–14, Sa 10.30–16 Uhr, www.imj.org.il, 54 NIS).

MEA SHEARIM 21 c1

Zurück in der Innenstadt führt ein kleiner Spaziergang Richtung Norden auf der King George Street in das Viertel Mea Shearim (»Hundert Tore«), in dem die Zeit stehengeblieben zu sein scheint. Hier leben heute die Charedim, besonders gottesfürchtige und gesetzestreue Juden › Seitenblick S. 41. Das Straßenbild – bärtige Männer in schwarzen Mänteln, Frauen in langen Röcken und Kinder in altmodischer Kleidung – gleicht dem in den osteuropäischen Gettos des 18. Jhs., den Schtetl. Die Bewohner lehnen moderne Medien ab und informieren sich über die überall angebrachten Wandzeitungen. Die meisten Familien leben von staatlicher Unterstützung, da die Männer nicht berufstätig sind, sondern sich in einer der zahlreichen Thoraschulen des Viertels dem Studium der heiligen Schriften widmen. Größten Wert wird auf die Sabbatruhe gelegt. An den Zugängen bitten Tafeln um angemessene Kleidung: lange Ärmel und lange Hosen bzw. Röcke. Das Fotografieren ist in Mea Shearim unerwünscht.

ALROV MAMILLA AVENUE

22 c2

Der Spaziergang führt in südlicher Richtung durch den Stadtteil Mamilla und nähert sich wieder der Altstadt. In der Alrov Mamilla Avenue, einer luxuriösen Shoppingmeile, sind viele internationale Marken vertreten. Hier bummelt man abends vor der spektakulären Kulisse der beleuchteten Altstadtmauer (So–Do 9.30–22.30, Fr 9–14.30 Uhr).

KING DAVID HOTEL 23 c2

Bevor man zum Abendessen in eines der Restaurants an der King David Street einkehrt, lohnt ein Blick auf das hell angestrahlte King David Hotel › S. 123. Von außen gleicht es einer Festung, innen umgibt den Besucher elegante Großzügigkeit. Bekannt wurde das »KD« durch den Anschlag, den die Untergrundorganisation Irgun 1946 unter der Führung von Menachem Begin auf die hier residierende britische Mandatsregierung ausübte. Heute gehört es zu den »Leading Hotels of the World« und beherbergt neben vielen VIPs auch Staatsgäste.

RESTAURANT

Three Arches €€

Schönes Terrassenrestaurant im YMCA Three Arches Hotel, internationale Küche, freundliche Bedienung. Tgl. 12–22 Uhr.

- 26 King David St. | Jerusalem
  Tel. 02-569 26 87
  www.ymca3arches.com

TOUR 11

KIDRONTAL & ÖLBERG

ROUTE: Aussichtsterrasse › Paternosterkirche › Himmelfahrtskapelle › Dominus Flevit › Maria-Magdalena-Kirche › Garten Gethsemane

KARTE: Seite 118

DAUER/LÄNGE: halber Tag; ca. 2 km

PRAKTISCHE HINWEISE:

- Wer dem touristischen Trubel entgehen und zudem für Fotos die besten Lichtverhältnisse nutzen möchte, sollte sich am frühen Morgen auf den Weg machen.
- Die Hitze macht den ca. einstündigen Aufstieg auf den Ölberg relativ beschwerlich; viel angenehmer ist es, zur Aussichtsterrasse am Hotel Seven Arches hinaufzufahren (vom Damaskustor kann man ein Taxi oder den arabischen Bus Nr. 275 nehmen) und dann bergab zu wandern.

TOUR-START: AUSSICHTSTERRASSE 24 e2

Von der Aussichtsterrasse auf dem Ölberg genießt man einen wunderbaren Blick über die Jerusalemer Altstadt. › mehr S. 16 Punkt 24 Die Olivenbäume verleihen der Anhöhe den Zauber einer Parklandschaft und gaben ihr ihren Namen. Zwischen der Altstadt und dem Ölberg liegt das **Kidrontal,** der Ort, an dem fromme Juden das Jüngste Gericht und die Ankunft des Messias erwarten. Seit alters her bestatten sie daher am Westhang des Ölbergs ihre Toten. Die Bestattungen auf dem **Jüdischen Friedhof** reichen in die Zeit des Ersten Tempels zurück.

PATERNOSTERKIRCHE 25 e2

Mit dem Ölberg untrennbar verbunden ist die biblische Überlieferung der Leidensgeschichte Jesu. In Erinnerung an diese wurden mehrere Kirchen errichtet, so 1874 die Paternosterkirche an der Stelle, wo Jesus seine Jünger das Vaterunser gelehrt haben soll. In der Vorhalle und im Kreuzgang ist das Gebet auf aufwendig verzierten Majolikafliesen in vielen Sprachen zu lesen (Mo–Sa 8–12, 14–17 Uhr, 10 NIS).

HIMMELFAHRTSKAPELLE

26 e2

Nur wenige Meter entfernt steht die kleine Himmelfahrtskapelle. Sie markiert die Stelle, von der Jesus in den Himmel aufgefahren sein soll. Nach der Vertreibung der Kreuzfahrer wandelten die Muslime den achteckigen Kirchenbau aus dem 12. Jh. in eine Moschee um (keine festen Öffnungszeiten, in der Regel 8–17 Uhr, 5 NIS).

DOMINUS FLEVIT 27 e2

Vom Aussichtspunkt beim Hotel Seven Arches führt ein Weg den Berg hinab, der die Franziskanerkirche Dominus Flevit passiert. Hier soll Jesus in Vorahnung der Zerstörung Jerusalems geweint haben (lat.

TOUREN IN JERUSALEM

TOUR 10

WESTJERUSALEM

18 Yad Vashem
19 Knesset
20 Israel Museum
21 Mea Shearim
22 Alrov Mamilla Avenue
23 King David Hotel

TOUR 11

KIDRONTAL & ÖLBERG

24 Aussichtsterrasse
25 Paternosterkirche
26 Himmelfahrtskapelle
27 Dominus Flevit
28 Maria-Magdalena-Kirche
29 Garten Gethsemane
30 Kirche der Nationen

flevit). Das 1955 errichtete Gotteshaus hat die Form einer Träne. Durch das Fenster über dem Altar bietet sich ein schöner Blick auf die goldene Kuppel des Felsendoms (tgl. 8–11.45/12, 14–17/18 Uhr).

MARIA-MAGDALENA-KIRCHE

28 e2

Noch etwas weiter hangabwärts liegt inmitten eines Oliven- und Zypressenhains die russisch-orthodoxe Maria-Magdalena-Kirche mit ihren sieben vergoldeten Zwiebeltürmen. Sie wurde 1885 von Zar Alexander III. im Gedenken an seine Mutter Maria Alexandrowna errichtet und beeindruckt im Inneren durch zahlreiche Ikonen (Di und Do 10–12 Uhr).

GARTEN GETHSEMANE

29 ★ e2

Am Fuß des Hügels erstreckt sich der kleine **Garten Gethsemane** (hebräisch *gath-shamma* = Ölpresse). Während Jesus hier nach seinem letzten Abendmahl verzweifelt betete, fielen die Jünger gleich dreimal in einen tiefen Schlaf. Das genaue Alter der mit Blumen unterpflanzten Olivenbäume ist strittig, einige Exemplare sind aber vermutlich älter als 1000 Jahre.

Durch einen kleinen Wandelgang erreicht man die **Kirche der Nationen** 30 e2. Sie wurde zwischen 1919 und 1924 mit Spenden aus vielen Ländern errichtet – daher der Name. Das Mosaik über dem Hauptportal stellt Jesus als Mittler

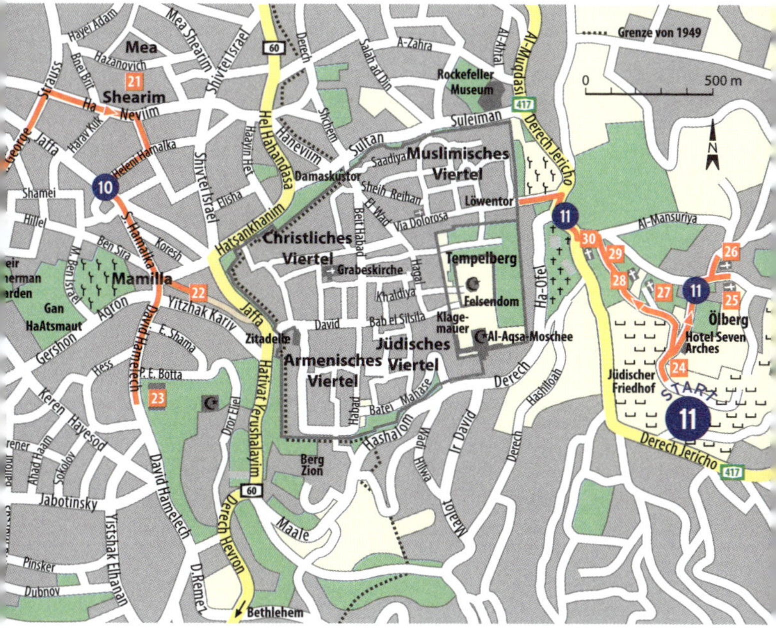

Karte S. 120

Kirche der Nationen und Maria-Magdalena-Kirche am Ölberg

zwischen Gott und den Menschen dar (Garten tgl. 8 Uhr bis Sonnenuntergang, Kirche tgl. 8–12, 14–18, Okt.–März bis 17 Uhr, Schließung während der Gottesdienste So 11 und 16, übrige Tage 16 Uhr).

An der Kreuzung zur Ha Ofel Road, die die Altstadt umrundet, warten Taxis. Zu Fuß gelangt man entlang der Jericho Road zurück zum Damaskustor bzw. durchs Löwentor in die Altstadt.

INFOS

Tourist Information Center

- Jaffa Gate | Jerusalem
  Tel. 02-627 14 22
  www.itraveljerusalem.com
  So–Do 8.30–17, Fr 8.30–12 Uhr

Der JLM City Pass beeinhaltet den Transfer vom Flughafen Ben Gurion, öffentliche Verkehrsmittel in Jerusalem, freien Eintritt zu 3 Sehenswürdigkeiten nach Wahl und 20–30 % Ermäßigung bei weiteren. 7 Tage 248 NIS, weitere Infos: www.itraveljerusalem.com/jlm-city-pass

Christian Information Centre

- Jaffa Gate | Jerusalem
  Tel. 02-627 26 92 | www.cicts.org
  Mo–Fr 9–17.30, Sa 9–12.30 Uhr

United Nations Office for the Coordination of Humanitarian Affairs Occupied Palestinian Territory

- MAC House | 7 St. George St.
  Jerusalem | Tel. 02-582 99 62
  www.ochaopt.org

VERKEHRSMITTEL

- **Busse:** Jerusalem verfügt über ein gutes innerstädtisches Busnetz, allerdings fahren die Busse nicht am Sabbat. Der zentrale Busbahnhof befindet sich an der Jaffa Road. Busse in die palästinensischen Autonomiegebiete fahren vom arabischen Busbahnhof nördlich des Damaskustors an der Sultan Suleiman Street ab.
- **Straßenbahn:** Der Jerusalem Light Rail Train fährt vom Stadtteil Pisgat Ze'ev im Nordosten (Station Heil Ha' Avir) bis zum Mount Herzl im Südwesten. Verlängerungen in den Süden zum Hadassah-Krankenhaus und in den Norden nach Neve Yaakov sind geplant. Der Light Train verbindet auf einer Länge von derzeit knapp 14 km 23 Haltestellen. Für die Trasse der L1 entwarf der spanische Architekt Santiago Calatrava eine spektakuläre Brücke, die als neues Wahrzeichen Jerusalems gilt. Die 66 auf den 118 m hohen Pylon zulaufenden Stahlseile erinnern an eine Harfe (So–Do 5.30–24, Fr 5.30–ca. 16, Sa ca. 22–24 Uhr, bis zu 90 Min. gültiges Einzelticket 5,90 NIS, Streifenkarte für 10 Fahrten 47,20 NIS, die Rav Kav Card kann auch im Light Train verwendet werden, weitere Infos unter www.citypass.co.il).

HOTELS

American Colony Hotel €€€

1840 von einem türkischen Pascha als Palast für seine Frauen erbaut und 1902 in ein Hotel umgewandelt, heute eines der »Leading Hotels of the World« (www.lhw.com). Das Haus in Ostjerusalem ist Treffpunkt von Reisenden aus aller Welt, darunter viele Diplomaten. Alle Zimmer sind individuell im orientalischen Stil eingerichtet. Das Restaurant im Innenhof > **S. 124** und die Bar im gegenüberliegenden Garten (im Winter in den Kellerräumen) > **S. 126** sind beliebte Treffpunkte.

- 1 Louis Vincent St. | Jerusalem
  Tel. 02-627 97 77
  www.americancolony.com

King David Hotel €€€

Das 1931 eröffnete Hotel ist bis heute das renommierteste Israels – und eines der geschichtsträchtigsten. Die Briten nutzten es als Verwaltungssitz, bis 1946 jüdische Untergrundkämpfer den Südflügel in die Luft sprengten. In diesem Luxushotel, das mit seiner gepflegten Gartenanlage zu den »Leading Hotels of the World« zählt, steigen oft Gäste der Regierung ab.

- 23 King David St. | Jerusalem
  Tel. 02-620 88 88
  www.danhotels.com

Mamilla Hotel €€€

Boutiquehotel in der schicken Alrov Mamilla Mall. Zimmer und Bäder tragen die Handschrift des italienischen Designers Piero Lissoni. Das Hotel verfügt über eine Dachterrasse mit spektakulärem Ausblick über die Altstadt Jerusalems und einen luxuriösen Spabereich.

- 11 King Solomon St. | Jerusalem
  Tel. 02-548 22 22
  www.mamillahotel.com

Harmony €€

Designhotel im angesagten Viertel Nahalat Shiva nahe dem Jaffa-Tor. In der Umgebung liegen zahlreiche gute Restaurants und Bars. Die 50 Zimmer sind komfortabel und mit Geschmack eingerichtet. Happy Hour mit kleinen Häppchen und einem Drink.

- 6 Yoel Moshe Solomon St. | Jerusalem
  Tel. 02-621 99 99
  www.atlas.co.il

Notre Dame of Jerusalem Center €€

Im 19. Jh. erbautes Gästehaus des Vatikans mit 150 komfortablen Zimmern, freundlichem Service und hervorragendem Preis-Leistungs-Verhältnis. Bistro mit Gartenterrasse; vom Restaurant auf dem Rooftop genießt man einen wunderbaren Blick auf die Altstadt.

- 3 Ha Tsanhanim (Paratroopers) Rd. Jerusalem | Tel. 02-627 91 11 www.notredamecenter.org

Österreichisches Hospiz zur Heiligen Familie €€

Traditionsreiche Herberge inmitten der Altstadt, schöner, ruhiger Garten, Dachterrasse mit traumhaftem Blick, Wiener Kaffeehaus. Das Haus versteht sich als kulturelle Begegnungsstätte; Künstler jüdischen, christlichen und muslimischen Glaubens finden hier ein Forum zur Präsentation ihrer Werke.

- Via Dolorosa 37 | Jerusalem Tel. 02-626 58 00 www.austrianhospice.com

YMCA – Three Arches €€

Keine Jugendherberge, sondern ein ruhiges Hotel in zentraler Lage. Einfache Zimmerausstattung. Das Art-déco-Gebäude wurde von A. L. Harmon entworfen, einem der Architekten des Empire State Building.

- 26 King David St. | Jerusalem Tel. 02-569 26 92 www.ymca3arches.com

Abraham Hostel €

Zentraler geht's nicht – nur wenige Meter zum Mahane Yehuda, schöne Dachterrasse, großes Angebot an Touren.

- 67 Ha-Nevi'im St. | Davidka Square. Jerusalem Tel. 02-650 22 00 www.abrahamhostels.com

RESTAURANTS

Arabesque €€€

Eines der schönsten Restaurants der Stadt. Man speist entweder im eleganten Hauptgebäude oder im begrünten Innenhof mit plätscherndem Springbrunnen. Dass das Essen erstklassig ist, versteht sich von selbst.

- Im Hotel American Colony > S. 123.

The Eucalyptus €€€

Die Auswahl ist groß und umfasst die Highlights der israelischen Küche. Wer sich nicht entscheiden kann, wählt eines der drei Tasting-Menüs und lässt sich überraschen. Reservierung empfohlen. So–Do 17–23, Sa 20.15–23 Uhr.

- 14 Hativat Yerushalayim St. Jerusalem | Tel. 02-624 43 31 www.the-eucalyptus.com

Machneyuda €€

Laute Musik und fröhliche Stimmung, sehr gute, frische Küche. Freitagabend und Samstagmittag geschl.

- 10 Beit Yakov St. | Jerusalem Tel. 03-533 34 42

Olive & Fish €€

Der Name des Restaurants ist Programm: Hier wird in angenehmer Atmosphäre vorwiegend Mediterranes serviert. So–Do 12–23, Sa 18.30–23.30 Uhr.

- 2 Ze'ev Jabotinski St. | Jerusalem Tel. 02-566 50 20

Tmol Shilshom €€

Büchercafé im Innenhof: literarische Kaffeehauskultur und mediterrane Küche. Besonders viele Fans hat das Shakshuka. So Do 8.30–23, Fr 8.30–15, Sa 22–24 Uhr.

- 5 Yoel Moshe Salomon St. | Jerusalem Tel. 02-623 27 58 www.tmol-shilshom.com

Wenn auf dem Mahane-Yehuda-Markt die Stände weggeräumt sind, laden Kneipen zur Party

Sima €

Das familiengeführte Lokal steht seit über 40 Jahren für gute Küche. Empfehlenswert: Jerusalem Mixed Grill Platter, für Vegetarier die rote Kube-Suppe. Freitagabend und Samstagmittag geschl.

- 82 Agripas St. | Jerusalem
  Tel. 02-623 30 02

SHOPPING

Jerusalem besitzt zwei traditionelle Märkte, den jüdischen **Mahane Yehuda** in der Innenstadt und den **arabischen Basar** in der Altstadt > S. 47.

Mamilla Mall

Zwischen Jaffa Gate und David Citadel Hotel verlaufende schicke Einkaufsmeile mit Luxushotel > S. 123, Cafés, Bars und über 100 Geschäften.

- 8 Alrov Mamilla Ave. | Jerusalem

Hutzot Hayotzer Artists' Colony

Etwa 30 Künstlerateliers und Werkstätten von Kunsthandwerkern. Alljährlich im August zieht das Arts & Crafts Festival mit Ausstellungen, Tanzveranstaltungen und Livemusikkonzerten, Essensständen und Workshops viele Besucher an. So–Do 10–17, Fr 10–14 Uhr.

- Jaffa Gate | Jerusalem

Mounir Barakat

Kupferwaren, kleine Teppiche und Beduinenschmuck. Nebenan ein interessanter Buchladen. Schwerpunkt: Kunst, Kultur und Politik im Nahen Osten. Tgl. 9–24 Uhr

- Im American Colony Hotel > S. 123.

Educational Book Shop

Buchladen mit integriertem Café in Ostjerusalem. Ein Schwerpunkt sind Medien zum Nahostkonflikt. Hier trifft man politisch

Interessierte, Journalisten und NGO-Vertreter. Regelmäßig Autorenlesungen, Filmvorführungen und Plenumsdiskussionen. Tgl. 8–20 Uhr.

- 19 Salah Eddin St. | Jerusalem
  Tel. 02-628 37 04
  www.educationalbookshop.com

BEDEUTENDE SAKRALBAUTEN

- **Haifa:** Mag sein, dass die Bahai-Religion nicht sehr bekannt ist – der Anblick des vollendet schönen **Schrein des Bab** am Berg Karmel ist in jedem Fall unvergesslich > **S. 80.**
- **Nazareth:** Wo Maria von der Geburt Jesu erfahren haben soll, steht heute mit der **Verkündigungskirche** eines der größten christlichen Gotteshäuser des Nahen Ostens > **S. 92.**
- **Jerusalem:** Vielleicht die einzige, sicher aber die bedeutendste Open-Air-Synagoge der Welt: die **Klagemauer,** die wichtigste jüdische Gebetsstätte > **S. 111.**
- **Jerusalem:** Seine geradezu überirdische Schönheit beeindruckt nicht nur Muslime: Die goldene Kuppel des **Felsendoms** überragt die Altstadt > **S. 112.**
- **Jerusalem:** Ein Ort tiefer Frömmigkeit, die jeden berührt: Die **Grabeskirche** im christlichen Viertel der Altstadt > **S. 114.**
- **Bethlehem:** »Es begab sich aber zu der Zeit ...« – Schauplatz der Weihnachtsgeschichte ist die **Geburtskirche** > **S. 127.**

NIGHTLIFE

The Cellar

Dezente Musik, gute Drinks, interessante Gäste, Informationsbörse. Tgl. ab 18 Uhr.

- Im American Colony Hotel > **S. 123**

Mirror Bar

Edles Design mit Spiegeln, raffinierte Lichtregie, DJ-Musik. So–Do ab 20, Sa ab 21 Uhr.

- Im Mamilla Hotel > **S. 123**

Birman Musical Bistro

Relaxte Atmosphäre, gute nahöstliche Küche, tgl. Livemusik, Schwerpunkt Jazz. So–Do ab 19, Fr 12–16 Uhr.

- 8 Dorot Rishonim St. | Jerusalem
  Tel. 02-623 61 15

AUSFLUG NACH BETHLEHEM

Das 30 000 Einwohner zählende Bethlehem liegt etwa 10 km südlich von Jerusalem in einem der von den Palästinensern selbstverwalteten Teile des Westjordanlands. Arabische Busse fahren vom Damaskustor nach Bethlehem (Linien 231, 234), es kommt aber bei der Rückreise nach Jerusalem zu Wartezeiten am israelischen Checkpoint, da die palästinensischen Passagiere den Bus zur Passkontrolle verlassen müssen. Am einfachsten nimmt man ab dem Damaskustor ein arabisches Taxi mit grünem Nummernschild. Es fährt direkt bis zum Manger Square in Bethlehem. Alternativ empfiehlt sich ein palästinensischer Tour Operator, z. B. Mount of Olives (Tel. 02-627 11 22, www.mountofolivestours.com), oder Samara (Tel. 02-627 61 33, www.samaratours.com). Die Mitnahme des Reisepasses ist in jedem Fall erforderlich.

GRAB DER RACHEL

2 km vor Bethlehem erreicht man von Norden kommend das streng bewachte **Grab der Rachel,** der Lieblingsfrau Jakobs und Mutter von Benjamin. Obwohl nicht nur Juden und Christen, sondern auch Muslime die Erzmutter Rachel verehren, haben letztere seit 2002 aus Sicherheitsgründen keinen Zutritt mehr zu dem ummauerten Areal mit Kuppelbau. Sie nannten die Stätte nach Mohammeds Weggefährten Bilal-Bin-Rabah-Moschee, um ihren Anspruch auf die heilige Stätte zu untermauern.

GEBURTSKIRCHE 7

In Bethlehem kam der Bibel nach Jesus Christus zur Welt. Kaiser Konstantin ließ über der Geburtsgrotte eine Basilika errichten, die 339 feierlich eingeweiht wurde. Eine Zerstörung, deren Grund bis heute nicht bekannt ist, machte im 5. Jh. einen Neubau erforderlich. Besucher betreten das fünfschiffige Langhaus durch das niedrige »Tor der Demut«. Zwei Treppen führen beidseits des Chores zur Geburtsgrotte, die 12 m lang und sehr niedrig ist. 1717 brachte die katholische Kirche einen silbernen Stern auf dem Boden an der Stelle an, an der sie den Ort der Geburt Jesu vermutet.

Alle Räume der Kirche wurden ebenso wie die Gebetszeiten zwischen der katholischen, der griechisch-orthodoxen und der armenisch-orthodoxen Kirche aufgeteilt. Über mehrere Jahre hinweg wurde die wichtigste Touristenattraktion Bethlehems unter Aufsicht der palästinensischen Autonomiebehörde aufwendig renoviert (Sommer tgl. 6.30–12, 14–19.30, Winter 5.30–12, 14–17 Uhr, Geburtsgrotte So vormittags geschl.).

RESTAURANTS

Touristisches Zentrum Bethlehems ist der Manger Square (»Krippenplatz«). Hier gibt es auch einige Restaurants.

DIE MAUER VON BETHLEHEM

Bethlehem ist heute fast vollständig von einer 8 m hohen Mauer umgeben. Die offizielle Begründung für ihre Errichtung ist der Schutz vor palästinensischen Attentaten. Bethlehems Einwohner indes fühlen sich hinter der Sperranlage wie in einem Gefängnis. Auch sehen sie die wirtschaftliche Entwicklung der Region, die ganz auf den Tourismus setzt, durch die eingeschränkten Transitmöglichkeiten gefährdet. Mit Graffitis bringen die Palästinenser ihre Verzweiflung und Wut, aber auch ihre Hoffnungen und Sehnsüchte zum Ausdruck. Einer der Sprayer äußerte den bisher unerfüllten Wunsch, dass die Hände, die diese Mauer gebaut haben, sie auch niederreißen mögen: »The hands that build can also tear down.«

DER SÜDEN

Am Roten Meer kann man fast das ganze Jahr über baden, schnorcheln und tauchen